Summa philosophiae

Sigbert Gebert

Summa philosophiae

Bibliografische Information der
Deutschen Nationalbibliothek
Die Deutsche Nationalbibliothek verzeichnet diese Publikation in der Deutschen Nationalbibliografie; detaillierte bibliografische Daten sind im Internet über https://dnb.de abrufbar.

Druck: Print Group Sp. z o.o., Stettin
Printed in Poland

ISBN: 978-3-96824-029-9

https://parodos.de/

Inhalt

Vorwort

Die Zeit der großen Erzählungen, so eine Erzählung, sei vorbei, geschweige denn, dass Einzelne die heutigen Wissensmengen noch verarbeiten könnten. Gerade die Überflutung mit Informationen macht es jedoch notwendig, das Wesentliche herauszustellen, und die Grundfragen und Grundlagen jedes Gebiets lassen sich durchaus überblicken. Niklas Luhmann hat das für die Gesellschaft durchexerziert. Die großen Erzählungen sind zu Ende, weil sie als Systemphilosophie die Welt aus *einem* Prinzip entwickeln wollten.

Die Welt ist für den Menschen eine *sprachliche* Welt. „Die" Welt lässt sich sprachlich jedoch unterschiedlich erfassen, so dass sich mehrere Welten ergeben. Allerdings nicht beliebig viele. Die Sprache gibt (mehr oder weniger statische) Grundregeln, eine („logische") Ordnung vor, und die gesellschaftliche Situation macht bestimmte Weltsichten und bestimmte Begriffsverständnisse oder Begriffsdefinitionen („inhaltlich") *plausibel*: so philosophisch heute Heideggers Ansatz des Menschen als In-der-Welt-sein und Seinsverständnis und seine Unterscheidung von Sein und Seiendem; Wittgensteins Sprachanalysen, die begriffliche (grammatische) und sachliche Fragestellungen, die Sprache von Tatsachen, unterscheiden und Gewissheiten als Grundlage von Lebensformen zeigen; Luhmanns Ausgang von Sinn und Kommunikation in Unterscheidung von ihrer Umwelt (insbesondere der Gesellschaft vom Individuum) und seine Methode, die Bereiche und Fragen konstituierenden Unterscheidungen aufzuweisen. Alle Unterscheidungen gründen jedoch im umfassenden *Nichts*, das Sein, Sinn, Sprache, überhaupt Leben und Bewusstsein erst aus sich „entlässt". Ihren letzten „Grund" findet die Philosophie in der „Urgewissheit" des Nichts, des Todes.

Die *condition humaine* ist überall und zu allen Zeiten *gleich* geblieben: Der Mensch sucht Glück und sieht sich Leiden und Tod ausgesetzt. Als existenzielle Herausforderung werden sie und die Angst vor ihnen im Alltag ausgeblendet, oder man beruhigt sich mit einem obersten, alles erklärenden Prinzip, stellen sie doch sonst die übliche positive Sicht des Lebens in Frage. Die Summa philosophiae behält Leiden und Tod ohne metaphysische Rechtfertigung durch einen höheren Sinn im Blick. Sie weist in *philosophisch-soziologischer* Perspektive die Lage des *heutigen* Menschen mit ihren existenziell und gesellschaftlich bedeutsamen Fragen auf.

Sigbert Gebert im Mai 2024

I Bewusstsein

Aus dem Leblosen und „dem" Nichts entstehen Leben, Bewusstsein, Sprache. Leben bedeutet Weltbezüge, und mit Bewusstsein, *fühlendem Verstehen* (was Gedächtnis beinhaltet), werden die Bezüge als *Sinn*zusammenhänge bewusst und zum erlebten, wahrgenommenen Problem, mit Sprache thematisierbar (damit auch Selbstverständnis und Philosophie möglich).

I.1 Leben

Leben lässt sich über seine Gegensätze, den Tod und das Leblose, definieren – bei den höheren Lebensformen mit klaren Übergängen vom Leben zum Tod (wenn auch der genaue Todeszeitpunkt umstritten bleibt). Leben als besondere Organisationsform unterhält im Gegensatz zum Leblosen *Bezüge zur Welt*, ist als Bezug. Leben endet mit dem Abbruch der Bezüge, der Auflösung seiner Organisation ins Leblose.

I.1.1 Die Aufrechterhaltung der Bezüge erfordert einen ständigen *Energiefluss*. Leben ist nie in einem Ruhezustand, kämpft immer gegen die drohende Auflösung seiner Organisation, den Tod. Leben ist *instabil*, ist *Drang*, sich gegen die Instabilität am Leben zu erhalten.

I.1.2 Der Energiefluss erfordert Unterschiede, erfordert Klassifikation und Auswahl. Leben verarbeitet ständig *Informationen* (Unterschiede, die einen Unterschied machen): Signale (meist mit automatischen Abläufen) oder, als bewusstes Leben, Sinn, den es versteht.

I.1.2.1 *Bewusstes* Leben hat mit seinen Bezügen, mit Sinnverstehen, mehrere Verhaltensmöglichkeiten, *Freiheiten*, schließt *Verstehen* („Wissen") – es zeigt sich im situationsangepassten, richtigen Verhalten („Können") – *und Missverstehen* (falsches Verhalten) ein und mit ihnen die Möglichkeit zu *lernen*.

I.1.2.1.1 *Sprachliches* Verstehen zeigt sich im sozial anerkannten Verhalten und Sprachgebrauch.

I.1.3 Leben muss das Problem der Instabilität immer schon gelöst haben, das zugleich ein (nicht endgültig lösbares) Dauerproblem darstellt und mit seiner Lösung weitere Probleme nach sich zieht. *Lösungen und Probleme* bedingen sich gegenseitig.

I.1.3.1 Für wiederkehrende Probleme spielen sich *Strukturen*, stabile Verhaltensmuster, als Problemlösungen ein. Bei jeder Problemlösung kann nach ihrer *Funktion*, ihrem Bezugsproblem, und funktional äquivalenten Lösungen (verschiedene Arten der Energiesicherung, der Fortpflanzung) gefragt werden.

I.1.3.1.1 Warum eine Lösung zustande kommt, erklärt sich nicht von der Funktion her. Sie kann bloßer *Zufall* sein (Evolution) und muss *motivieren* (die evolutiv entstandene Sexualität motiviert zur Fortpflanzung). Die Lösung kann weitere Funktionen hervorbringen (Sexualität sorgt auch für Bindung).

I.1.3.2 Mit höheren Freiheitsgraden nehmen die strukturellen, dauerhaften Problemlösungen und mit ihnen die Probleme zu. *Sprache*, die als eine Lösung des Problems der Verhaltensabstimmung gesehen werden kann, ermöglicht schließlich mit Fragen die *gezielte Lösungssuche*, die heute zu ständigen Krisen, neuen Problemen führt. Durch Sprache ermöglichte Lösungen können auch dysfunktional sein (Trauer als endlos bindende Liebe), verfehlt (Metaphysik als Antwort auf die Sinnfrage) oder überholt (traditionelle Geschlechterrollen).

I.1.3.2.1 Mit Sprache kann, wenn die Lösung nicht zufriedenstellt oder sich keine Lösung findet, die Problemstellung (etwa die metaphysische Gewissheitssuche) selbst *problematisiert* werden – was man allerdings, da die Folgen einer Problematisierung unklar sind, möglichst vermeiden wird (statt Routinen zu ändern, verdrängt man Probleme). *Lernen* ist, wie überhaupt, so auch sprachlich der *Ausnahmefall.*

I.1.3.2.2 Die gegenseitige Abhängigkeit von Lösung und Problem zeigt sich auch bei *wissenschaftlichen Texten*, deren Verstehen das Verstehen der Frage oder des Problems voraussetzt, auf das sie Antworten geben.

I.2 Fühlendes Verstehen

Mit *Schmerzempfinden* wird *Bewusstsein* (Erleben, Wahrnehmen) und entwickeln sich die sonstigen Gefühle, insbesondere *Angst* (vor Schmerzen). Fühlen bedeutet unmittelbar sich-bewusst-sein, sich-verstehen als unterschieden von der restlichen Welt: Bewusstsein, fühlendes Verstehen, unterscheidet *Selbst-* und *Fremdbezug* (Bezug zu anderem Leben und zur Welt), sprachliches Bewusstsein zudem noch den alles Leben übergreifenden Zeitbezug.

I.2.1 Gefühle werden am Körper oder (unspezifisch) im Leib empfunden und bewusst, bestimmen über den Körper/Leib das Bewusstsein. Bewusstsein ist vom Körper/Leib betroffene Selbstgegebenheit.

I.2.1.1 Mit wachsendem Bewusstsein, zunehmendem Verstehen, kann man vor allen möglichen, schließlich vor allen sprachlich erfassbaren Bedrohungen *Angst* empfinden.

I.2.1.2 *Sprachlich* unterscheidet man sich als *Selbstbewusstsein* vom Körper, nimmt einen Fremdbezug zu ihm ein – identifiziert sich mit ihm, lehnt ihn ab, manipuliert ihn. Bei starken Gefühlen (insbesondere Schmerzen) hat aber auch es keinen Abstand von ihm.

I.2.2 Alle bewussten Bezüge sind gefühltes Verstehen. Jedes Verstehen geht mit Gefühlen einher und jedes Gefühl mit Verstehen. *Fühlen* und *Verstehen* (Bewusstsein) werden aber *je nach Bezug* in unterschiedlichem Maße als *eigenständig* erlebt oder wahrgenommen (in den Extremfällen, bei starken Schmerzen oder beim alltäglichen emotionslosen, neutral gestimmten Bewusstsein, scheint das andere Moment nicht vorhanden).

I.2.2.1 *Wahrnehmen* betont vor allem den Bezug auf *Empfindungen* (die Sinne) und Äußeres, *Erleben* Bezüge mit stärkerer und *hoher Betroffenheit*, bezieht sich vor allem auf Inneres (Schmerzen, Emotionen).

I.2.2.2 Gefühlsmäßig *neutrale* oder eher neutrale Weltbezüge wie die Grundbezüge *Vertrauen/Misstrauen* (auch Achtung, Arroganz, Ehrgeiz, Gleichgültigkeit, Interesse, Nachdenklichkeit, Selbstsicherheit, Zerstreutheit, Zurückhaltung) werden (meist) nicht als Gefühl oder Emotion bezeichnet. Sie gehen mit unterschiedlichen Gefühlen einher.

I.2.2.3 Werden verschiedene Aspekte des Weltbezugs und des Verhaltens zusammengefasst, Situationen und Handlungen verknüpft, ergeben sich *Skripts* wie Liebe, Freundschaft, Proteste, Berufsrollen.

I.2.2.4 Sich länger durchhaltende Weltbezüge oder Verhaltensweisen gelten als *Charakter* (oft positiv oder negativ beurteilt, teils als Tugenden/Laster moralisch qualifiziert).

I.2.3 Bewusstsein ist *Drang und Streben* (gegen den Widerstand, die Hemmung durch die Welt), *sorgt sich* um einen ausgeglichenen, vor allem schmerz- und angstfreien Zustand, *will* Sicherheit, Zufriedenheit (Hunger und Durst wechseln ständig mit gesättigten Zuständen), will *gut* leben.

I.2.3.1 Mit der *Sprache* werden Drang und Streben zur *Suche nach Glück*, zur *Sehnsucht*: zum Fühlen eines (oft unbestimmten) Mangels. Sie teilt zwar einige Gemeinsamkeiten mit ihren Vorstufen (Streben nach Schmerzfreiheit, Erfüllung der Grundbedürfnisse), lässt sich aber nur teilweise von ihnen her verstehen, geht, sofern sie erfüllt sind, über die unmittelbaren Lebensbedürfnisse hinaus.

I.2.4 Bewusstsein hat vielfältige neuronale, chemische, physikalische *Bedingungen*. Sie sind dem Bewusstsein nicht als solche bewusst, machen sich auf Bewusstseinsebene nur über bewusste Ereignisse bemerkbar (Sauerstoffmangel ist nicht als Sauerstoffmangel, sondern als Atemnot bewusst, Magnesiummangel zeigt sich in Muskelkrämpfen). Alle nicht bewusstseinsfähigen Voraussetzungen des Bewusstseins sind im Operieren prinzipiell *unbewusst*. Unbewusstes kann Bewusstsein irritieren, aber nur als bewusstes Ereignis zur Geltung kommen.

I.3 Sinn

Bewusstsein, fühlendes Verstehen, vollzieht sich in Zeichen- oder *Sinnzusammenhängen*.

I.3.1 Bei nicht unmittelbarer, „automatischer" Verfolgung von Sinnzusammenhängen, bei Zögern, einer Wahl, kann die (immer mit Gefühlen einhergehende) Beschäftigung mit Zeichen von Gefühlen unterschieden werden. Und zwar individuell als *Denken* (Kognition): mit Zeichen (Gesten, Lauten, Düften, Bildern) operieren (sie nachvollziehen, kombinieren, neue Sinnzusammenhänge oder Zeichen entwickeln) und im sozialen Gebrauch als *Kommunikation*: Zeichen (Informationen) mitteilen und verstanden (missverstanden) werden.

I.3.1.1 *Denken* ist kein Gespräch, kein Dialog, *keine Kommunikation* mit sich selbst: Man teilt sich nichts mit, kann sich nicht missverstehen, versucht sich nicht zu berechnen, stellt sich nicht auf sich ein.

I.3.2 Sinn *verweist* immer auf weiteren Sinn (Zeichen auf weitere Zeichen), von Aktuellem auf Möglichkeiten. Sinn ist die *Einheit von Wirklichkeit und Möglichkeit*, die sich in (zeitlichen, sachlichen, sozialen) Verweisungszusammenhängen entfaltet. Damit wird zugleich Komplexität (auf Aktuelles) reduziert und Anschlussfähigkeit (auf Mögliches) gesichert (zugleich ein Letztsinn verunmöglicht).

I.3.2.1 *Einzelsinn* abstrahiert von den (gleichzeitigen) Verweisungszusammenhängen, in die er eingebettet ist und von denen her er verständlich wird.

I.3.3 Bewusstsein hat als Sinn- oder Seinsverständnis nicht nur einen Bezug zu Einzelsinn (Seiendem, Ereignissen), sondern auch, meist unthematisch und nur teilweise thematisierbar, zu den Sinnzusammenhängen und zur *Welt* als Umfassendem.

I.3.3.1 Welt kann den Verweisungszusammenhang, den Rahmen, den *Horizont*, meinen, in den sich Einzelsinn einordnet.

I.3.3.2 Welt kann umfassende Seinsweisen bezeichnen, die sie als *Bereiche* abgrenzt (die Gesamtheit des Seienden oder Teilgesamtheiten wie Pflanzenwelt, Tierwelt, Lebenswelt, Arbeitswelt, Welt des Sports, der Literatur).

I.3.3.3 Eine Gesamtheit kann (zumindest sprachlich, oft operativ) als System von seiner jeweiligen Umwelt abgegrenzt werden. In diesem Fall ist die Welt die *Einheit von System und Umwelt*.

I.3.3.4 Die *Gesamtwelt* ist nicht nur alles, was der Fall ist, sondern auch alles, was nicht der Fall ist, ist die Gesamtheit aller Seinsweisen des Seienden, die Gesamteinheit von Sein und Seiendem, aller Phänomene und ihrer Horizonte, aller Möglichkeiten (und Unmöglichkeiten), aller Systeme und ihrer Umwelt – ein uneinholbarer Letztbegriff: Jede Thematisierung einer Welt bewegt sich in einem unthematischen Vorverständnis (Horizont), einer umfassenderen Welt. Die Gesamtwelt ist quasi ein Medium, in das sich je andere Formen einschreiben. Es gibt so nie *die* Welt, sondern nur je andere *Welten*.

I.3.4 Sinnzusammenhänge sind gegliedert, folgen einer *Ordnung* oder Regeln. Jede *Lebensform* stellt einen Sinnzusammenhang dar, der durch einen Rahmen, eine Logik oder Grammatik, ein System von *Gewissheiten*, ermöglicht wird bzw. in ihm besteht. Die Lebensform gibt (als letzter „Grund") Einzelereignissen ihren Sinn. Durch sie ist man mit der Welt *vertraut.*

I.3.4.1 Lebensformen mit ihren Gewissheiten (damit das Leben „überhaupt") sind (wie Spiele) „grundlos", eine faktische Vorgabe, *weder sinnvoll noch sinnlos*, „jenseits" von Sinn, da sich Sinn erst mit ihnen bildet und nur innerhalb ihrer etwas Sinn (oder keinen Sinn – ein Sinn!) macht. Es gibt keinen Standpunkt außerhalb des Lebens, von dem aus es bewertet werden könnte. Die Gewissheiten „begründen" sich (wie die Regeln eines Spiels) durch das faktische Vorkommen der durch sie konstituierten Lebensform selbst.

I.3.4.2 Die Grammatik der Lebensform ist unthematisch, als *Vorverständnis* von emotional verankerten selbstverständlichen, gewissen Verhaltensregeln, von feststehenden Erwartungen, gegeben (bei Tieren der wenige Freiheitsgrade lassende „Instinkt").

I.3.4.2.1 Die gewissen, *konstitutiven* Regeln stecken einen Rahmen ab, innerhalb dessen mehr oder weniger kontingentes, auch anders mögliches (weder unmögliches noch notwendiges) Verhalten gewählt wird, wobei *regulative*, empirische Regeln Anhaltspunkte für situationsangepasstes Verhalten geben.

I.3.4.3 Für *sprachliche* Wesen sind Gewissheiten *unhinterfragter Sinn*, etwas, was (wie Gefühle) nicht wahr oder falsch sein kann, was jeden Zweifel ausschließt (also keine Erkenntnis, kein Wissen).

I.3.4.3.1 Es gibt allen menschlichen Lebensformen gemeinsame, *universale* Gewissheiten (in je kulturspezifischer Form), die sich aus den Grundbedingungen des Lebens ergeben. Deshalb sind Übersetzungen und Erlernen fremder Sprachen möglich (auch die „Unbestimmtheit der Übersetzung" setzt gemeinsame Gewissheiten voraus).

I.3.4.3.2 Kultur- und *gruppenspezifische* Gewissheiten sind zu bestimmten Zeiten *plausibel*, leuchten (zeitweise) unmittelbar ein, müssen nicht weiter begründet werden.

I.3.4.3.3 Gewissheiten werden *normalerweise nicht aufgegeben*. Teils zeigen sie sich, wenn hinterfragt, als evident (wie die Logik), teils können sie nach Überwindung emotionaler Widerstände aufgegeben (wie der Glaube an Gott) oder zu empirischen, veränderbaren Ereignissen werden (die traditionell unauflösliche Ehe, der statische Kosmos der Antike) und umgekehrt Veränderbares gewiss (Naturgesetze sind nicht mehr durch Eingriffe Gottes veränderbar). *Neue* Gewissheiten können zu einer *anderen Lebensform* führen (Demokratie statt Erbmonarchie, statt lebenslanger Großfamilie zeitweise Kleinfamilie und Altersheim). Der „Rahmen" ist kein Mythos, aber er ist auch nicht starr.

I.4 Gedächtnis

Bewusstsein (Erleben, Wahrnehmen, Denken) beinhaltet *Gedächtnis*, die ständig neu entfaltete Einheit der Differenz von *Erinnern und Vergessen*. Gedächtnis ist kein lokalisierbares Etwas, sondern ein Prozess, die Einheit des ständigen Wechsels von Thematischem und Unthematischem. Gedächtnis ist *an Bewusstsein gebunden*, so dass nur metaphorisch von einem Gedächtnis von Leben überhaupt, von Genen oder Zellen, die auf festgelegte Weise auf Signale reagieren, die Rede sein kann (oder ein weiter Gedächtnisbegriff muss verschiedene Arten – Signal-, Sinngedächtnis – unterscheiden).

I.4.1 Ein Gefühl, ein Sinn, ein Zusammenhang kann aufgrund begrenzter Aufmerksamkeitskapazität nur bewusst sein, wenn alles andere im Hintergrund, „vergessen", bleibt. Bewusstseinsfähiges, gegenwärtig nicht Bewusstes ist *latent*, *unthematisch* oder *vorbewusst* (aber nie unbewusst im strengen Sinn). Das Latenthalten, das aktuelle Vergessen, ermöglicht Bewältigung von Komplexität und schafft Platz für neue Informationen, für Lernen.

I.4.1.1 *Dauerhaft Vergessenes*, nie Erinnertes (die ersten Lebensjahre beim Menschen, bei Tieren schon die nähere Vergangenheit), existiert für das Gedächtnis nicht. Unbewusstes in diesem Sinn kann keinen direkten Einfluss auf das Gedächtnis haben, sondern nur als Gelerntes (Grundvertrauen, Ängstlichkeit, sonstige Gewissheiten).

I.4.1.2 Sprachlich können manche vergangenen, insbesondere *traumatische Erfahrungen* nicht vergessen oder nur verdrängt werden und Verhalten und Erwartungen direkt bestimmen. Das Gelernte ist hier noch mit dem Anlass verbunden – was eventuell ein „Verarbeiten" erleichtert.

I.4.2 Gedächtnis läuft bei *allem Verstehen* (nicht nur beim ausdrücklichen Erinnern) mit. Das Gedächtnis prüft (vorbewusst) die *Konsistenz*, ob das gegenwärtig Erlebte, Wahrgenommene mit der Vergangenheit, bisherigen Erfahrungen, und der erwarteten Zukunft übereinkommt. Gedächtnis verbindet Vergangenheit und Zukunft zur Gegenwart. Die Offenheit der Zukunft wird auf plausible Möglichkeiten begrenzt. Abweichungen fallen als mögliche Bedrohung oder Chance auf.

I.4.2.1 Das Gedächtnis *schreibt* die Zeiten dauernd fort und *um*, ist doch die gegenwärtige Zukunft nicht die zukünftige Gegenwart, in der sich mit der neuen Realität auch neue Konsistenzanforderungen, eine neue Vergangenheit und Zukunft, ergeben.

I.4.2.2 Für die *individuelle* Situation übernimmt das *Fühlen* die Konsistenzprüfung. Gefühle zeigen Gefahren, Missverhältnisse zu oder die Übereinstimmung mit der Welt an.

I.4.2.3 *Sprachliches Gedächtnis* nutzt die Vergangenheit als „feststehenden" Orientierungspunkt und versteht Gedächtnis alltäglich nur als Erinnerung (auch weil Erinnern besonders auffällt: Es ist oft mit Anstrengung verbunden und misslingt oft).

I.4.2.3.1 Um die Vergangenheit festzuhalten und fortzuschreiben, benutzt man Erfahrungen zusammenfassende *Identitäten* (in der Sozialdimension etwa Freunde, Bekannte; in der Sachdimension Objekte oder Quasi-Objekte, etwa ein Zeugnis, das die individuelle Bildungsgeschichte zusammenfasst und eine bestimmte Zukunft ermöglicht).

I.4.2.3.2 Der *bewusste Rückgriff* auf die Vergangenheit, um sich gegenwärtig zu orientieren, bewegt sich in einem Zirkel: Er interpretiert die vergangenen Tatsachen von den von ihnen mitbestimmten Erwartungen, den Zukunftsperspektiven her (die man wegen der Vergangenheit als hoffnungslos – eine Zukunftsperspektive – sehen kann).

I.4.2.4 Die *gesellschaftliche Konsistenzprüfung* übernehmen heute die *Massenmedien* und die Funktionssysteme bzw. ihre Organisationen: Sie zeichnen die bewahrenswerte Kommunikation auf und setzen sie fort.

I.4.3 Die Möglichkeiten des Gedächtnisses (mehr Vergessen und Erinnern) steigern sich mit den Aufzeichnungsmöglichkeiten, den *Speichermedien* (Gehirn, Sprache, Schrift, Buchdruck, Computer).

I.4.3.1 Der Speicher ist *nicht* das Gedächtnis: Ein Speicher versteht, vergisst, erinnert sich nicht. Große Speicherkapazitäten erlauben allerdings, das Verstehen von Sinnzusammenhängen zu simulieren, und *künstliche* „neuronale" *Netzen* können, ohne zu verstehen, lernen, etwa Schach, Go oder auch Sprachen: Von den (grammatisch) unzählig möglichen Fortsetzungen eines Sinnzusammenhangs sind (semantisch) immer nur „wenige" plausibel, und sie lassen sich, sofern genug Vergleichsmaterial und Kapazität zur Verfügung steht, statistisch berechnen, „erraten“.

II Sprache

Für den Menschen zeigt sich Sein oder Sinn vor allem in sprachlichen Zeichen, ist die Welt eine *sprachliche Welt*. Der Mensch lebt in der Sprache, den sprachlichen Verweisungszusammenhängen. Mit der Sprache bildet sich die menschliche Lebensform. Die Sprache ist auf die Eigenheiten des Menschen abgestimmt: Die Sprachwelt ist *anthropozentrisch*, vor allem, insbesondere aber die Wirklichkeit, *sozial* bestimmt. Mit der Sprache trennen sich Ausdruck und Bedeutung, werden Unterschiede zu Unterscheidungen, zeigt sich die Welt als zeitlich, räumlich, grundhaft.

II.1 Zeichensysteme

Neben der Laut- und Schriftsprache finden sich *andere*, tierische und menschliche Verweisungs- oder *Zeichensysteme*.

II.1.1 Die Unterschiede menschlicher und tierischer Lebensformen sind offensichtlich, die Grenzen aber unscharf. Auch das *Tier* mit Bewusstsein erlebt, nimmt Unterschiede wahr, fühlt und versteht, hat Gedächtnis, kennt Selbst- und Fremdreferenz, drückt sich in Gesten, Lauten, Gerüchen aus, kommuniziert. Diese Zeichen sind aber *in* das sonstige *Leben eingebettet* („zentrische Position" im Gegensatz zum „exzentrischen" Menschen), haben vor allem Signalwirkung und bilden nur kurze Verweisungsketten.

II.1.1.1 Eine genaue Grenzziehung ist hier (wie meist) nicht bedeutsam: Die *praktisch* (moralisch) wichtigen Fälle ergeben sich aus der gemeinsamen Empfindungsfähigkeit.

II.1.1.2 Die Sprache, die menschliche Lebensform, entwickelte sich aus der Kommunikation (Gebärdensprache), der *Verhaltensabstimmung*. Die vorherigen Lebensformen werden von der Sprache „überformt".

II.1.1.2.1 Die Verhaltensgemeinsamkeiten von Tier und Mensch machen die *Verhaltensforschung* plausibel – sofern sie die kulturellen Einflüsse nicht unterschätzt.

II.1.2 Beim *Menschen* sind alle Zeichensysteme und alles Denken (mit Zeichen operieren) *sprachlich geprägt*. Mathematik, Spiele, Musik, nicht sprachliche Kunst hätten sich ohne Sprachzeichen, die längere Verweisungsketten erlauben, nicht oder nicht zu komplexen Formen entwickelt, und sie werden sprachlich erklärt, besprochen, bewertet (ein Komponist denkt in Tönen, orientiert sich dabei aber an der ästhetischen Unterscheidung von passend/unpassend).

II.1.3 *Zeichen* sind die Einheit (der Differenz) von Bezeichnendem (Signifikant) und Bezeichnetem (Signifikat), von *Ausdruck und Bedeutung* oder, um die Paradoxie zu verdeutlichen: Das Zeichen ist die Differenz von Zeichen und Bezeichnetem. Die Differenz wird (abgesehen von Grenzfällen bewusster Täuschung bei Tieren) erst mit der Sprache bedeutsam, zur Information.

II.2 (Soziale) Sprachwelt und Wirklichkeit

Die *Sprache* ist (wie ein Spiel) die *Gesamtheit ihrer Regeln und Symbole*. Sie macht aus „der" Welt, die sie als Außersprachliches (als „Dass") voraussetzt, eine durch die Sprachregeln abgegrenzte und die Sprachsymbole repräsentierte *sprachliche Welt*, passt „die" Welt an sich an (und wird von ihrer Umwelt bisher toleriert). Sie reduziert die Weltkomplexität und baut Eigenkomplexität auf, eine Welt mit Sprachzeichen, sprachlichen Sinnbezügen (Worten, Begriffen, Sätzen, Texten), und zwar eine gemeinsame, *soziale* Welt (in der sich Gesellschaft und Individuum ausdrücklich unterscheiden). Aus den (vorgegebenen) Unterschieden in „der" Welt werden sprachliche Unterscheidungen. Die Sprache reformuliert die „natürlichen" Bedingungen, genauer: Die Gesellschaft konstruiert in Abgrenzung zu Phantasiegebilden die Wirklichkeit mit ihren Objekten und Tatsachen.

II.2.1 Die Sprache muss *Außersprachliches* voraussetzen, unterscheidet sich selbst von dem, wovon sie spricht, unterscheidet das Seiende von seiner sprachlichen Fassung, dem ihm zugeschriebenen Sein – die *ontologische Differenz* als primäre Grundunterscheidung der Sprache.

II.2.1.1 Alles Außersprachliche (sein vorgegebenes Dass) wird *sprachlich* in seinem Sein, seinem Wie, erfasst.

II.2.1.1.1 Das gilt auch für die ontologische Differenz von Sein und Seiendem. *Ontisch* (bezogen auf Menschen: existenziell) meint das *faktische* Vorkommen des Seienden, ontologisch die Seinsweise oder auch die philosophische Interpretation. Auch das faktische Vorkommen ist aber eine *Seinsweise* (und die ontologische Interpretation faktisch, existenziell). Immer geht es um Seinsweisen, um „Ontologie".

II.2.2 In der Sprachwelt gibt es nur Sprachliches, und zwar immer in Sinnbezügen: Sprachlich macht alles Sinn (Sinnvolles, Unsinniges, Sinnloses), ist Sinn unhintergehbar, die Welt als *Sinnwelt „geschlossen"*. Ausgeschlossen ist nur das Ausschließen: Einen Nicht-Sinn kann es nur als Benannten, also innerhalb eines Sinnbezugs geben (auch „jenseits" von Sinn, weder sinnvoll noch sinnlos, jenseits ihrer Einheit, bezeichnet einen sprachlichen Sinn).

II.2.2.1 Da die Sprachwelt geschlossen ist, ermöglicht die Sprache – eine Tautologie – alle ihre Bezüge. Die sprachlichen Bezüge können als Lösungen für Probleme, als *Sprachfunktionen*, gesehen werden. Kommunikationsmodelle unterscheiden so nach den Hauptbezügen (Sender, Botschaft, Empfänger) die Funktionen Ausdruck (Emotionen: der Selbstbezug), Darstellung (Referenz, Sachinhalt, Information: der Weltbezug), Appel und Beziehung (Mitteilung, Kontakt: Bezug zu Anderen). Das lässt sich vielfältig erweitern, etwa Ermöglichung von Erinnerungen, Zukunftsprojektionen (Zeitbezug), von Dichtung, Denken (auch auf Metaebenen), Tradierung

(Wissensweitergabe), von Zugehörigkeit (über gemeinsame Sprache). Die Bedeutung solcher Funktionsbeschreibungen liegt in der Gliederung und dem Aufweis der Vielfalt der Bezüge.

II.2.3 Die Sprache übergreift *Gesellschaft und Individuum* und gibt beiden, die sich mit Sprachverstehen erst bilden und unterscheiden, Vorgaben. Dabei hat die *Gesellschaft* den *Vorrang*. Die Sprache entwickelte sich aus der Kommunikation und ist auf sie abgestimmt.

II.2.3.1 Das *individuelle* Verstehen ist immer schon in *soziale* (kulturell unterschiedliche) Sinnzusammenhänge *eingebettet*: Die Gesellschaft gibt die Lebensform mit ihren „inhaltlichen" Gewissheiten vor, die sich innerhalb des universalen Sprachrahmens mit seinen „formalen" Gewissheiten halten.

II.2.3.2 Das *soziale Verstehen* (Kommunikation) vollzieht sich nur in (*gefühllosen*) Zeichensystemen (vor allem Lautzeichen, Schrift), während das Individuum fühlend versteht.

II.2.3.2.1 *Gedanken* können im Gegensatz zu Gefühlen *direkt mitgeteilt* und als „bloßes" Sprachphänomen sozial, „objektiv", als wahr/falsch, beurteilt werden (während man Gefühle nur nachvollziehen, verstehen oder nicht verstehen kann).

II.2.3.3 Das je individuelle Verstehen wird durch den *gleichartigen Zeichengebrauch* (die allgemeine Bedeutung) zur relativen, für praktische Zwecke ausreichenden Übereinstimmung zu bringen versucht.

II.2.3.3.1 *Abweichungen* von der allgemeinen Bedeutung oder Missverständnisse sind erwartbar. Sie können auf die allgemeine Bedeutung zurückwirken und sie verändern.

II.2.3.3.2 Zu starke Abweichungen werden als *Verrücktheit*, Wahnsinn, gewertet.

II.2.4 Die Sprachwelt setzt „die" Welt voraus, in der sie möglich ist und über die sie spricht. Da sie „die" Welt auf verschiedene Weisen aussagen kann, ihre eigenen Welten schafft und sich dabei mehr oder weniger von „der" Welt lösen kann – irgendein Bezug ist immer gegeben –, muss sie *Wirklichkeit* und Phantasie unterscheiden, beide sprachlich bestimmen (auch die Wirklichkeit ist eine sprachliche Wirklichkeit – was sich schon daran zeigt, dass sie unterschiedlich von Phantasie abgegrenzt wird). Maßstab ist dabei das sozial Übliche.

II.2.4.1 Die *Wirklichkeit* wird durch Objekte und Tatsachen bestimmt. *Objekte* grenzen sich von allem anderen ab, *Tatsachen* sind (vorläufig) fixe Konstellationen (wahre, also nicht nur mögliche Sachverhalte, die wiederum das Unsinnige – viereckiger Kreis – ausgrenzen). Mit (sprachlich benannten) Objekten und Tatsachen kontrolliert die Sprache ihren Bezug zur Wirklichkeit.

II.2.4.1.1 An Tatsachen und die aus ihnen gefolgerten empirisch bewährten, allerdings kontingenten, auch anders denkbaren *Erfahrungsregeln* (Regen als Folge bestimmter Wetterlagen oder der Kunst des Regenmachers) muss oder sollte man sich halten – wenn man erfolgreich handeln will. Ignoriert man sie, täuscht sich über Tatsachen oder folgt falschen Regeln, machen sie sich durch Widerstand destruktiv bemerkbar. In diesem Fall sollte man *lernen*, Tatsache oder Regel anders bestimmen.

II.2.4.1.2 *Neue* oder veränderte *Tatsachen* können sich empirisch, innerhalb eines Begriffssystems ergeben (eine bisher unbekannte Insektenart) oder die Definition, das Begriffssystem zur Einordnung als Objekt, Tatsache ändert sich (Sonnenfinsternis als göttliches Zeichen oder bloßes Naturphänomen).

II.2.4.1.3 Soziale Tatsachen (Institutionen, etwa Verkehrsregeln) beruhen auf *konventionellen* (oft traditionellen) *Regeln*. Die Tatsachen sind hier nicht unabhängig von den Regeln, werden von den Regeln geschaffen. Abweichendes Verhalten (Falschparken) wird als nicht regelkonform (*normativ*) bewertet, die Regel nicht geändert. Neue Regeln konstituieren neue Tatsachen.

II.3 Ausdruck und Bedeutung

Mit sprachlichen Zeichen vervielfachen sich *Ausdrücke und Bedeutungen*, nehmen Irrtümer und Missverständnisse zu und kommen mehr oder weniger absichtliche Täuschungen oder Lügen, damit eine allgemeine *Unsicherheit* in die Welt. Meist bewegt man sich in verstandenen Bedeutungen, in fraglosen Sinnzusammenhängen. Wenn man ein Zeichen (Ausdruck) nicht versteht, fragt man nach der Bedeutung.

II.3.1 Was ein Sprachzeichen bedeutet, lässt sich nur von anderen Zeichen her ausmachen. Die *Bedeutung* eines Zeichens ist ein *weiteres Zeichen*. Das neue Zeichen ist die Bedeutung des alten, wenn es unmittelbar, fraglos verstanden, nicht mehr als Zeichen wahrgenommen wird, eine Gewissheit ausdrückt.

II.3.1.1 Alles, was man verstanden hat, lässt sich deshalb *klar* sagen – solange man die zugrunde liegende Gewissheit *unhinterfragt* hinnimmt (die Welt begann mit der Schöpfung, dem Urknall, sind für Gläubige, Physiker klare Aussagen).

II.3.2 Jede Bedeutung benötigt einen *Ausdruck*, kann aber schon durch die unterschiedlichen Sprachen vielfach ausgedrückt werden und ein Ausdruck Unterschiedliches bedeuten (Bank). Zwischen Ausdruck und Bedeutung gibt es keine natürliche *Zusammengehörigkeit*, sondern eine (oft starre) *konventionelle* (sozial festgelegte, in diesem Sinne „beliebige“).

II.3.3 Einem Wort (Ausdruck) entspricht ein *Begriff* (Bedeutung), wenn es in einem Sprachspiel, einer Praxis, Verwendung findet. Begriffe sind *Gebrauchs*- und *Handlungsschemata*.

II.3.3.1 Begriffe können *richtig oder falsch* verstanden und verwendet werden. Kriterium dafür ist der Gebrauch (Wortverwendung) und das Verhalten nach den in einer Gemeinschaft geltenden (meist unausdrücklichen, impliziten) Regeln (falsche Verwendung fällt auf, wird korrigiert, sanktioniert). Da Begriffe unterschiedlich abgegrenzt werden (Natur etwa gegen Gott, Kultur, Zivilisation, Vernunft, Technik), ist der richtige Gebrauch oft umstritten.

II.3.3.2 Begriffe bezeichnen Identisches, Einheiten, *vereinfachen* und *verallgemeinern* und erlauben es so, Einzelnes (in einem Horizont) zu bestimmen (etwa Schönes im Horizont der Schönheit, ein Pferd im Horizont der „Pferdheit", als das, was eine Kultur mit „Pferd" verbindet). In der jeweiligen sprachlichen Fassung gehen zwangsläufig individuelle Aspekte verloren. Immer gibt es *Nichtidentisches*. Macht es sich bemerkbar, kommt es zu neuen Festlegungen, die anders vereinfachen.

> **II.3.3.2.1** Die Vereinfachung als Verfälschung des Nichtidentischen, als zu überwindende Macht oder *Herrschaft* zu sehen, unterstellt, es wäre eine nichtbegriffliche Erfassung oder Haltung zu etwas möglich – und kommt so nur zu anderen Begriffen, anderer „Verfälschung", anderer „Herrschaft".
>
> **II.3.3.2.2** Die Sprache kann das Nichtidentische, das ihr Entzogene, da sie über es spricht, einen Bezug zu ihm hat, als *Entzogenes* einbeziehen. Jedes Sprechen bedeutet Präsenz von Absenz, Erscheinung von Entzogenem oder, noch eine Stufe weiter, Erscheinung des Entzugs von Entzogenem. Damit wird jede Metaphysik „dekonstruierbar", indem man das ihr Entzogene (auf Kosten neuen Entzugs) aufweist.

II.3.3.3 Als Gebrauchs- und Handlungsschemata erschließen Begriffe zunächst die Umwelt. Das Verständnis der Umwelt, das sich primär an Räumlichkeiten, Objekten orientiert, gibt dann die Vorgabe für alles Verständnis. Da die („Oberflächen")*Grammatik* Unterschiedlichstes unter einen Begriff (etwa: Substantive) fasst und Ähnlichkeiten suggeriert, führt die „Rückstrahlung" des Weltverständnisses leicht zu *Kategorienverwechslungen*, insbesondere Verdinglichungen (Substanzmetaphysik, etwa „die" Seele, „das" Unbewusste als Quasi-Objekte).

II.3.3.4 Begriffe bezeichnen etwas im Unterschied zu anderem. Sie fußen auf *Unterscheidungen*, die Bezeichnungen, Identitäten ermöglichen.

II.4 Unterscheidungen

Sprachliches Verstehen vollzieht sich mittels *Unterscheidungen*. Unterscheidungen setzen nicht nur „die" Welt voraus, sondern *Unterschiede* in „der" Welt, brauchen einen „Ansatzpunkt". Teils orientieren sie sich an wahrgenommenen Unterschieden – aus der als analoges Kontinuum wahrgenommenen Welt wird eine digitalisierte Welt (dies/nicht das, groß/klein) –, teils setzen sie (auch wenn sie sich auf Unterschiede in der Welt beziehen) nur sprachlich fassbare Unterschiede (gut/schlecht, schön/hässlich), aber auch Scheinunterschiede (diesseitige/jenseitige Welt).

II.4.1 Unterscheidungen *trennen und verbinden* zwei Werte – als bestimmte Unterschiede (Mann/Frau, hell/dunkel) oder unbestimmte (die bloße Verneinung mit „Reflexionswerten": krank im Unterschied zu nicht-krank ohne positive Bestimmung von gesund). Als Einheit des Unterschiedenen sind sie paradox (zugleich ausschließend und verbindend) konstituiert. Die Einheit muss durch Auseinanderziehen der Werte *entparadoxiert* werden bzw. ist es als Unterscheidung schon.

II.4.2 Die Unterscheidung ist die Grundlage von Beobachtungen (wenn man so will: der ursprüngliche Beobachter). Beobachten, die Einheit von Unterscheiden und (einen

Wert) Bezeichnen, ist immer an ihre Unterscheidung, an ihren *Standort gebunden*. Es gibt keinen archimedischen Punkt: Die Unterscheidung kann sich selbst, ihre *Einheit*, nicht sehen, genauso wenig wie den *Horizont*, in dem sie sich bewegt („logische" *blinde Flecken*). Sie können mit einer anderen Unterscheidung, in einer Beobachtung zweiter Ordnung, für die dasselbe gilt, bezeichnet werden.

II.4.2.1 Die Standortgebundenheit wird offensichtlich, wenn man die Einheit, die Selbigkeit des Verschiedenen, thematisiert. Das Recht als Einheit von Recht und Unrecht kann sich so nicht selbst als rechtmäßig begründen, sondern setzt erst das jeweilige Recht und Unrecht, Methoden setzen (jenseits von richtig und falsch) die Kriterien für richtig und falsch, Moral für gut und schlecht. Die *Probleme der Selbstanwendung* spielen im Alltag keine Rolle, tauchen nur in Krisensituationen auf und werden durch *Entscheidung* gelöst (Gewalt oder eine Verfassung setzen neues Recht, neue Methoden, neue Moralregeln setzen sich als plausibler durch).

II.4.3 Unterscheidungen sind *binär*, durch diskrete, voneinander abgegrenzte Werte gegliedert. Beobachtungen denken in Gegensätzen, die „die" Welt nicht kennt. Daraus ergeben sich Einseitigkeiten, Bezugsprobleme, aber auch (teils problematische) Verbindungsversuche.

II.4.3.1 Bei *relativen Unterscheidungen*, wenn *einseitig* nur ein Wert der Unterscheidung angestrebt wird, macht sich der andere Wert immer wieder bemerkbar (das Gute, etwa die ideologisch reine Lehre, entdeckt immer mehr Böses, immer mehr Feinde; bei Tugenden sah schon Aristoteles, dass Einseitigkeiten ins Laster führen).

II.4.3.2 Bei *Klassifikationen* ergeben sich, da es immer einen Bezug und nur analoge Übergänge gibt, Probleme des Zusammenwirkens oder *Bezugsprobleme* (etwa von Körper/Geist, Subjekt/Objekt oder von Ich, Anderen und Welt). Sie stellen sich im Alltag, wenn eine Einheit nicht funktioniert (etwa die Einheit von Körper und Geist bei Krankheiten). Oder es kommt zu *Grenzproblemen* (die Unterscheidungen von Leblosem, Leben, Bewusstsein, Sprache sind unscharf; ab wann soll man von Verstehen, Gedächtnis reden?), die durch *Definitionen* gelöst werden (Leben hat Weltbezüge, Bewusstsein nimmt sie wahr, Sprache macht sie thematisch; Viren sind leblos, Bakterien die unterste Form des Lebens).

II.4.3.2.1 *Enge* Definitionen betonen Unterschiede auf Kosten der Gemeinsamkeiten, *weite* Definitionen Gemeinsamkeiten auf Kosten der Unterschiede. *Allumfassende*, für Metaphysik typische Definitionen (etwa: Die Welt ist Geist oder Wille zur Macht) machen einen Aspekt der Welt zur Grundlage der Welt überhaupt und müssen dann die üblichen Differenzierungen als Aspekt des Umfassenden einbeziehen (Egoismus/Altruismus als unterschiedliche Machtwillen). Das kann den Blick auf leicht übersehene Gemeinsamkeiten lenken, weitet den Teilaspekt aber vor allem unzulässig aus (macht Geschichte etwa zum vernünftigen Geistgeschehen).

II.4.3.2.2 *Soziale Klassifikationen* wie Ich/Du, Wir/Andere, Frau/Mann drohen sich zu Gegensätzen, Rivalitäten, Konflikten zu verfestigen. In der Politik setzt sich so immer wieder die Freund/Feind-Klassifikation durch. (Da die Angewiesenheit auf Andere mit Konkurrenz einhergeht, kann man darüber spekulieren, ob aus ihr nicht die Binarität der Sprache erwuchs).

II.4.3.3 Die Verbundenheit von (oft nur scheinbaren) Gegensätzen wird zunehmend bewusst. Teils versucht man sie durch ein *Sowohl-als-auch* zu berücksichtigen (Work-life-balance, Karriere und Familie, Globalisierung und Lokalbezug als „Glokalisierung“), versucht aber oft auch Unvereinbares, reale Gegensätze, zu verbinden (etwa, wenn unter heutigen Bedingungen zugleich ökologische, soziale, wirtschaftliche Nachhaltigkeit gefordert werden) oder schwankt hin und her: neoklassische, dann keynesianische Wirtschaftspolitik, Dezentralisierung, dann Rezentralisierung, mehr private Selbstverantwortung, dann Ausbau des Sozialstaats und umgekehrt.

II.4.4 Die *Logik* beschreibt die *formal* möglichen Zuweisungen der zwei Werte, grenzt das Denken (und die denkbaren Möglichkeiten in der Welt) ein. Das das Denken blockierende Paradox der Einheit des Unterschiedenen, die gleichzeitige Behauptung von etwas und seinem Gegenteil, wird durch Denkgesetze „verboten".

II.4.4.1 Der Satz der *Identität* – etwas ist mit sich selbst identisch – beschreibt als Formel (A=A) den Fall, dass auf beiden Seiten der Unterscheidung dasselbe auftaucht. Er zeigt das Paradox der Einheit des Unterschiedenen an (A wird von sich selbst unterschieden, obwohl es identisch ist). Identität und Differenz setzen sich wechselseitig voraus (und bilden selbst eine Identität in der Differenz). Die Einheit ist zugleich eine Zweiheit und ermöglicht Vergleiche. Lassen sich Urteile auf diese Form bringen, sind sie notwendig wahr.

II.4.4.2 Der Satz vom (zu vermeidenden) *Widerspruch* schließt aus, dass die zwei Seiten eines Gegensatzes (bezüglich desselben unter derselben Hinsicht) zugleich wahr sein können. Ihre Einheit ist ausgeschlossen (und durch den Ausschluss berücksichtigt, „eingeschlossen").

II.4.4.3 Der Satz vom *ausgeschlossenen Dritten* legt ein Entweder-Oder fest: Die zwei Seiten einer kontradiktorischen Unterscheidung (die unbestimmte Verneinung) können nicht beide falsch sein (etwas ist oder ist nicht). Ihre Einheit ist wieder ausgeschlossen.

II.4.4.3.1 Bei konträren Gegensätzen gibt es Zwischenstufen, aber auch bei Unterscheidungen wie richtig/falsch lassen sich *dritte Werte* wie „unentscheidbar“, „unbestimmt“ denken. Kann es überhaupt sich streng ausschließende Gegensätze geben, wenn jede Unterscheidung einen Bezug herstellt?

II.4.4.3.2 Die Anwendung einer Unterscheidung, kann auch abgelehnt werden (Wirtschaftsprogramme sind amoralisch, lehnen die Anwendung der Unterscheidung gut/schlecht ab), womit sich als dritter Wert der *Rejektionswert* ergibt.

II.4.4.3.3 Das zweiwertige Denken wird durch Mehrwertigkeit nicht gesprengt. Immer kann nur *ein Positivwert* bezeichnet werden, der sich von allen anderen Werten abgrenzt (so grenzt sich der Rejektionswert von beiden Werten einer Unterscheidung ab).

II.4.5 Die Grundform von Unterscheidungen ist die *Bejahung und Verneinung*: Die Sprache stellt für alles eine positive und negative Fassung bereit und verdoppelt so die Welt, die *kontingent*, auch anders möglich wird. *Ja/Nein* ist die (formale) Urunterscheidung, der *Code* der Sprache, dem alle sprachlichen Äußerungen unterliegen (und dem auch die inhaltliche Urunterscheidung, das Wissen um den Tod, die Verneinung des Seins überhaupt, entspringt).

II.4.5.1 Der Sprachcode ermöglicht Bestimmungen. Jeder *Begriff* wird ausdrücklich oder unausdrücklich *bejaht oder verneint*, und jeder verweist immer auch auf seine Verneinung (damit auch auf das, was er ausschließt) oder sein bestimmtes Gegenteil.

II.4.5.1.1 Eine *Verneinung* ist im Allgemeinen *unbestimmter* (nicht rot), legt sich nicht wie die Bejahung (rot) auf eine Möglichkeit fest.

II.4.5.1.2 Zur genaueren Bestimmung braucht es *Gegenbegriffe* (hell-, nicht dunkelrot).

II.4.5.2 Der Code steht *neutral* zu allen Äußerungen – Ja ist „an sich“ dem Nein nicht vorzuziehen –, gibt keinen Inhalt vor, sondern wird in Begriffen, Unterscheidungen, Aussagen (quasi die Programme der Sprache) operationalisiert. Es gibt so auch keine der Sprache immanente Tendenz zu Konsens.

II.4.5.2.1 Positiv/negativ als *Wertungsbegriffe* sind ein „Programm".

II.4.5.3 Aus dem Code der Sprache folgt direkt die individuelle menschliche *Freiheit*, die darauf beruht, ja oder nein sagen (Willensfreiheit) und entsprechend (bei Handlungsfreiheit) handeln zu können, aber auch wählen zu müssen.

II.4.5.3.1 Bewusste Ja/Nein-Entscheidungen sind eher selten. Freiheit wird aber wegen der prinzipiellen Wahlmöglichkeit auch unabhängig von bewussten individuellen Motiven sozial zunächst *unterstellt.*

II.4.6 Das Unterscheiden endet in *Letztbegriffen*: Sinn (Sein), Sprache, Welt (Zeit, Raum, Grund), die alle (notwendig sinnhaften, sprachlichen, weltlichen) Unterscheidungen umfassen (jeder Letztbegriff schließt deshalb auch die anderen ein).

II.4.6.1 Auch die Letztbegriffe müssen bestimmt werden. Eine Möglichkeit ist die Abgrenzung innerhalb des Seins. Sie setzt, mehr oder weniger verborgen, nach dem Vorbild Fichtes – das Ich teilt sich selbst in Ich und Nicht-Ich – eine Seite der Unterscheidung zugleich als Umfassendes voraus („*Fichteschema*"). Diesen umfassenden Begriffen lässt sich allerdings noch „das" Nichts entgegensetzen, was zur Urunterscheidung von Nichts und Sein führt.

II.5 Zeit, Raum, Grund

Die Sprache gliedert die Welt in die Letztbegriffe, die Gewissheiten von *Zeit, Raum* und *Grund.* Sie sind unhintergehbar, *mit der Sprache gegeben* und beziehen sich „an sich" nur auf das *Leben*, das sich in seiner je eigenen, zugleich zeitlichen, räumlichen, grundhaften Welt bewegt. Das Leblose „ist" weltlos, ohne Zeit, Raum und Grund, „ist" „im" unzeitlichen, unräumlichen, grundlosen Nichts.

II.5.1 *Zeit* als Einheitsbegriff entfaltet sich in den Unterscheidungen von Anfang und Ende, aktuell/inaktuell, vorher/nachher (mit der Gegenwart als Einheit von Vergangenheit und Zukunft). Zeit bedeutet Veränderung, Endlichkeit, eine instabile Welt und wird vom meist unbestimmten Unzeitlichen, Ewigen unterschieden. Nimmt man als unzeitlich gedachte Phänomene wie die „ewig" geltende Logik als Beispiel oder wenn man umgekehrt einzig den Zeitfluss selbst als beharrlich, „ewig", ansieht, so setzt das Zeit als umfassenden Einheitsbegriff voraus (das Ewige taucht neben dem Zeitlichen in der Zeit auf, die Zeit ist vergänglicher Fluss und ewig), führt zum Fichteschema.

II.5.1.1 Die Anschaulichkeit des Raums legt es nahe, die Zeit, die an Veränderung, Bewegung im Raum beobachtet wird, analog zum Raum zu verstehen: *Zeitraum* als quasi nebeneinander liegende Jetzte. *Physikalisch-mathematische* Zeitbegriffe legen so die Zeit auf einen gleichmäßigen Verlauf fest, was es erlaubt, die Zeit mathematisch zu vergleichen und zu synchronisieren – eine heute unverzichtbare Konstruktion (Uhren).

II.5.1.1.1 Die Verräumlichung stellt alles Seiende in die Zeit als quasi Umfassendes. Zeit, Anfang und Ende, kommt aber erst mit dem Leben in die Welt. Die Begriffe Anfang und Ende haben für das *Leblose* nur einen relativen Sinn: Es *verändert* sich, endet aber nicht, sondern ist in diesem Sinne unzeitlich (und unräumlich – weltlos).

II.5.1.1.2 Die Zeitraumvorstellung wird zur *Kategorienverwechslung*, wenn die Zeit methodisch mit dem Raum gleichgesetzt wird und dann nicht nur mathematisch, sondern angeblich auch real *rückwärts laufen* kann (das ähnelt dem Verständnis der Ewigkeit als nunc stans, als zeitloses stehendes Jetzt, in dem alle Zeiten zugleich sind und von Gott angeschaut werden können).

II.5.1.1.3 Ebenso verfehlt ist die Gleichsetzung eines langsameren Atomzerfalls bei hohen Geschwindigkeiten (Atomuhren) mit einer realen *Verlangsamung* „der" Zeit und langsamerem Altern.

II.5.1.1.4 Auch die Theorie der Entstehung von Zeit (und Raum) im *Urknall* verwechselt Kategorien, glaubt eine mathematische Berechnung („Singularität") in die Alltagssprache übersetzen zu können.

II.5.1.1.5 Die *Kosmologie* spekuliert, ob der Kosmos „ewig" expandiert, kollabiert (was kommt danach?) oder die Expansion „im Unendlichen" zum Stillstand kommt – mit ebenfalls zwangsläufig untauglichen Begriffen.

II.5.1.2 Für das Leben, die *gelebte Zeit*, gibt es zyklische Verläufe (Wachen/Schlafen), aber keine gleichmäßige Zeit – wovon die heute unverzichtbare Uhrzeit abstrahiert.

II.5.1.3 Die *menschliche Zeiterfahrung* hat einen *beschränkten Horizont*, der sich, was die Zukunft betrifft, eher nach Jahren als Jahrzehnten bemisst und Planungen aller Art stark einschränkt bzw. sie schnell zu Makulatur macht.

II.5.2 *Raum* als Einheitsbegriff ordnet gleichzeitig Existierendes, begreift Verschiedenes als zugleich (Lagebeziehungen) mit den Unterscheidungen hier/dort, oben/unten, vorne/hinten, links/recht, nah/fern und als ausgedehnt mit der Unterscheidung innen/außen. Raum dient als Ordnungsschema innerhalb von Räumen und zu ihrer Unterscheidung: Lebensräume, Weltraum, geographischer, physikalischer, mathematischer, logischer Raum. Der Gegenbegriff des Unräumlichen grenzt von empirischen Räumen „unräumliche" Seinsphänomene (Gedanken, Logik) ab – was den Raum als Einheitsbegriff voraussetzt. Es gibt nichts außerhalb des Raums.

II.5.2.1 Die *physikalische* Rede von *Raumkrümmung* oder auch Expansion, Zusammenbruch des Kosmos macht keinen Sinn, da sie Phänomene im Raum beschreibt, und wenn man ein umfassendes Megauniversum annimmt, wiederholen sich nur die Probleme.

II.5.3 Der *Satz vom Grund* – nihil est sine ratione – bezeichnet mit Grund (im Gegensatz zu Zeit und Raum) keinen Einheitsbegriff, sondern die eine Seite einer Unterscheidung. Er fordert eine Begründung, wenn ein Geschehen (Äußerung, Handlung, Ablauf) nicht selbstverständlich oder nicht stimmig ist, auf Widerstand trifft und das Bewusstsein irritiert. An praktisch oder theoretisch bedeutsamen Stellen werden dann Zäsuren gesetzt und das Geschehen in Grund und Folge gegliedert. Mit Gründen wird das Geschehen verstanden, Unsicherheit, Angst beseitigt, mögliche Eingriffe aufgezeigt, Planung ermöglicht, Handlungen gerechtfertigt.

II.5.3.1 Die *Zäsuren* sind *nicht vorgegeben.* Anfang und Ende eines Geschehens müssen bestimmt, zugerechnet werden. Gründe sind zwar nicht beliebige, aber auf oft vielfache Weise mögliche *Konstruktionen* (etwa bei Anfangserzählungen: Gott, Urknall, Nichts). Gründe können deshalb als vorgeschoben, ideologisch, falsch, unplausibel, erdichtet gelten.

II.5.3.2 Grund und Folge unterscheiden sich nach *Bereichen*: traditionell etwa nach Material-, Form-, Wirk-, Zweckursache, oder Erkenntnisgrund-Folge, Ursache-Wirkung (empirisch, begrifflich/logisch voneinander unabhängig), Motiv-Handlung (ex post, wenn die Handlung vorliegt, begrifflich voneinander abhängig), Rechtfertigungen (einschließlich Sinnfragen).

II.5.3.2.1 Die Einordnung ist *nicht eindeutig*: Handelt ein Drogenkonsument oder ist sein Verhalten verursacht? Gibt es negative Tatsachenkausalität („bewirkt" das Fehlen von Wasser das Verdursten oder „führt" es – ein Erkenntnisgrund – zu ihm)?

II.5.3.3 Grund-Folge-Verhältnisse sind je nach Rahmen unterschiedlich plausibel und enden in letzter Instanz in einer *Gewissheit*, das Erklären, Rechtfertigen im *Verstehen*, so dass es nicht zu einem unendlichen Regress kommt.

II.5.3.4 Der Satz vom Grund gibt selbst *keinen Grund*, die Warum-Frage *abzubrechen*, und legt es auch bei „grundlosen" Phänomenen wie dem Leben nahe, nach ihrem Sinn (telos) zu fragen.

II.5.3.4.1 Der Satz vom Grund kann *auf sich selbst angewandt* und nach seinem Grund gefragt werden. Sein Grund ist die „grundlose" sprachliche Lebensform, mit der er entspringt und zur Warum-Frage zwingt.

II.5.3.4.2 Es gibt keinen „höheren" und *keinen Gesamtsinn* der Welt, des Kosmos, des Lebens, keinen Standpunkt außerhalb der Sprache und ihrer Welt und innerhalb nur kontingenten Einzelsinn, Sinn innerhalb von Lebensformen.

II.5.3.4.3 Religiöse oder *metaphysische Antworten* auf Sinnfragen unterliegen dem Fragezwang des Satzes vom Grund und brechen die sich ins Unbestimmbare verlierenden Kausalitäten bei einer angeblich ersten Ursache als (grundloser) Letzteinheit ab, setzen dogmatisch ein (für sie gewisses) Prinzip, konstruieren eine Anfangserzählung (mit Frageverbot nach dem Vorher des Anfangs).

II.5.3.4.4 Auch in den Naturwissenschaften gibt es „an sich" keinen Grund, das Fragen abzubrechen. Gemäß der Evolutionsvorstellung baut sich das Komplexe aus Einfachem auf, was letztlich auf physikalische Voraussetzungen führt, und die Physik kann immer weiter nach *letzten „Teilchen"* fragen, wird nicht von der Wirklichkeit gestoppt, sondern von technischen, finanziellen Grenzen. Auch ihre „ersten" Ursachen sind dogmatisch gesetzt.

II.5.3.4.5 Lebensformen (das Leben überhaupt) sind zwar „sinn-los", doch da sie auch nicht oder anders sein können, unterstehen sie dem (technischen, moralischen, ästhetischen) *Rechtfertigungszwang*, werden als zweckmäßig/unzweckmäßig, gut/schlecht, passend/unpassend bewertet. Die dabei benutzten Kriterien sind kontingent, standortgebunden – damit auch alle Theodizee, Kosmodizee, Anthropodizee, aber auch Weltverneinung, Antinatalismus.

II.5.4 Zeit, Raum und Grund sind *Unterscheidungen*. Es gibt weder einen ersten Anfang noch ein letztes Ende. Immer gibt es eine Grenze zwischen Innen und Außen, keinen allumfassenden, unendlichen, absoluten Raum. Weder gibt es einen ersten Grund noch eine letzte Folge noch einen letzten Sinn.

II.5.5 Die Sprache kann alles nur zeitlich, räumlich, grundhaft, als Lebendiges oder *analog zum Leben* begreifen. Der eigene Tod oder das Ende allen Lebens lassen sich nicht mit sprachlichen Kategorien, die von einem Fortbestehen von etwas in Zeit und Raum ausgehen müssen, verstehen.

II.5.5.1 Auch das Leblose wird als zeitlich, räumlich, grundhaft verstanden, was sich im sinnlich erfassbaren menschlichen Bereich, im *Mikro-* und *Makrobereich* jedoch nur begrenzt bewährt. Hier kommen mathematische Berechnungen und physikalische Theorien zur Anwendung, die sich technisch umsetzen, aber nicht in die Alltagssprache übersetzen lassen (sonst bräuchte es die Mathematik auch nicht).

II.5.6 Die *moderne Gesellschaft* orientiert sich vorrangig an der Zeit, die sich ihr als *Evolution* zeigt. Evolution ist auch die Gewissheit, an der sich heute alle Wissenschaften orientieren.

II.5.6.1 Evolution ist eine *sprachliche Konstruktion*, die die Sprache als empirisches Phänomen einschließt: Sprache ist ein *Ergebnis der Evolution*, ist natürlich entstanden – nachmetaphysisch ohne Ziel oder höheren Sinn.

II.5.6.2 Evolution meint nicht oder nur begrenzt voraussehbare und steuerbare Entstehung von Neuem. Neues bedeutet eine Abweichung von einer Erwartung, setzt aber einen Bezug zu Altem voraus, ist nicht „völlig“ neu. Die Unterscheidung von *neu und alt* suggeriert einen Bruch, „vergisst“ die Einheit der Unterscheidung. Neu und alt gibt es nicht für die Welt, sondern nur für die Sprache – und deshalb unklare Übergänge und Zufälle in der Evolution.

II.5.6.2.1 Der Bruch und zugleich der Zusammenhang mit dem Vorhergehenden lassen sich mit anderen Unterscheidungen fassen: Tatsachen müssen *möglich* sein, zeigen sich (und oft auch ihre Möglichkeit) aber erst, wenn sie *wirklich* werden; die Sprache hat einen *unausdrücklichen* (impliziten) Bezug zu allem Sein, doch bevor es benannt wird, gibt es ein Phänomen noch nicht *ausdrücklich* (explizit). Das erklärt nichts, wehrt aber falsche Fragestellungen ab (etwa: Wie kommt das Subjekt zum Objekt? Antwort: Es ist immer schon unausdrücklich bei ihm).

II.5.6.3 Evolution lässt sich wissenschaftlich, als Theorie, mittels der Unterscheidung von *Variation, Selektion, Restabilisierung* beschreiben (bei Lebewesen Variation der Gene, Selektion überlebender Organismen, Restabilisierung der Population) und auch auf gesellschaftliche Phänomene anwenden. Lebloses unterliegt in diesem Sinn nicht der Evolution, sondern verändert sich – wie überhaupt Evolution oft nur Veränderung meint.

II.5.6.4 Die Evolutionstheorie unterscheidet *Hierarchien*. Die oberen Ebenen, definiert über *emergente*, neue Qualitäten, systemische Eigenschaften (Eigenschaften, die noch kein isolierter Bestandteil des Systems hat – ein einzelnes Neuron hat kein Bewusstsein), entstehen aus den unteren (Sprache setzt Bewusstsein voraus, Bewusstsein Leben, Leben bestimmte physikalisch-chemische Bedingungen). Die unteren Ebenen kontrollieren den Spielraum der oberen, die Grenzwerte einhalten müssen, ansonsten aber nach *eigenen Gesetzen* operieren, die unteren in Funktionalität zu sich zwingen (Kommunikation benutzt die Individuen, das Denken die Nervenzellen des Gehirns) und sich nicht von unten her erklären lassen.

II.5.6.4.1 Als kausale Erklärung „von unten" *setzt* die Theorie die *emergenten Eigenschaften voraus*, zeigt, dass sie von den vorhergehenden Stufen, ihren „Bestandteilen" aus möglich waren und weiterhin von ihnen abhängen.

II.5.6.5 Evolution bedeutet keine bessere *Anpassung* an die Umwelt. Angepasstsein ist vielmehr eine Voraussetzung (und ein Ergebnis) des Überlebens und kann in unterschiedlichen „Strategien" (Konstanz, Veränderung, Komplexitätszu- oder -abnahme) bestehen, die sich einmal (kurz- oder langfristig) als erfolgreich, das andere Mal als Sackgasse erweisen können. Anpassung ist „Zufall" und kann durch Großkatastrophen, wie sie anspruchsvollere Lebensformen schon öfters erfuhren, schnell beendet sein.

II.5.6.5.1 Anpassung bedeutet heute im Falle der *Gesellschaft* vor allem: Sie passt sich ihre Umwelt an sich an – was zur ökologischen Problematik führte.

III Nichts

Aus „dem“ Nichts als Umfassendem, als *Einheit von Nichts und Sein*, entstehen Leben, Bewusstsein, Sprache, „lichtet“ sich Sein und Zeit. Sprache macht das Sein ausdrücklich, indem es von ihm das Nicht-Sprachliche, das Nichts und das Seiende, unterscheidet. „Nichts“ meint das Nichtsein von Leben, Bewusstsein, Sprache. Es zeigt sich dem Menschen als *Tod*. „Nichts“ ist der *Letztbegriff* der Philosophie, die Unterscheidung von Nichts und Sein die (inhaltliche) Urunterscheidung.

III.1 Nicht-Sprachliches

Die Sprache unterscheidet sprachlich die Sprache vom *Nicht-Sprachlichen* (Fichteschema). Das Nicht-Sprachliche meint zum einen das Außersprachliche, das andere des Seins, aber im zugehörig, das *Seiende* (die ontologische Differenz), zum anderen aber schließt sprachlicher Sinn seine eigene Verneinung, sein *Nichtsein* ein. Das Leben (Verstehbare) ist nur vom Tod (dem Nicht-Verstehbaren) her verstehbar (und umgekehrt „gibt“ es das Nichts nur in Abgrenzung zu Sinn, Sein, Leben, ausdrücklich nur für die Sprache). Sprachliches Sinnverstehen oder Seinsverständnis benötigt die doppelte Abgrenzung vom Seienden und vom Nichts als unbestimmtem Reflexionswert.

III.2 Zeit und Nichts

Die Einheit von Nichts und Sein wird durch die *Zeit* entparadoxiert: Mit der Geburt als Anfang des Lebens gibt es Bezüge, das In-der-Welt-sein, und mit dem Tod als Ende des Lebens enden alle Bezüge, „ist“ das (absolute) Nichts, mit dem Ende allen Lebens nur noch „Nichts“. Das Nichts schränkt sich „zeitweise“ ein oder besser: schränkt sich mit der Zeit ein (ohne deshalb – zwangsläufig unzutreffende Kategorien – „ewig“ zu „sein“).

III.2.1 Das Nichts betrifft „nur“ das Sein, die Bezüge, gibt es nur für das *Leben*. Leben als eine besondere Organisationsform entsteht und *stirbt*.
III.2.2 Als *Seiendes* endet das Leben nicht im Nichts, sondern *löst sich* in seine Bestandteile, das „materielle Substrat“ *auf*.

III.3 Seiendes

Sein, Leben, Sprache sind an *Seiendes* (traditionell: etwas Materielles) „gebunden“, das vom Nichts nicht betroffen ist: Vom Seienden bleibt immer ein *Etwas*, nicht nichts (insofern ist die Substanzmetaphysik – auch ohne „letzte“ oder „erste“ Substanz – unvermeidbar).

III.3.1 Seiendes gibt es für das Leben nur in Bezügen. Will man es als Seiende „an sich“, also als Abstraktion vom Sein, „ohne“ Sein fassen, „ist“ es, wie es „ist“, ohne Bezug, ohne Verneinung, ohne Zeit, Raum, Grund, ein einwertiges Vorhanden„sein“ jenseits der Sprache, des Lebens – wie die zweiwertige Sprache annehmen muss. Das bloße, bezuglos Seiende, das *Leblose*, „ist“ *„im“ Nichts* (ein Stein hat als „er selbst“ kein Sein, sondern das Leben Bezüge zu ihm, etwa als vorhanden, brauchbar, störend).

> **III.3.1.1** Sprache kann nur Sinn an Sinn anschließen, kann sich nur in Bezügen und Unterscheidungen bewegen und so das Leblose, das Bezug- und Unterschiedslose „an sich“, das „für sich“ „im“ Nichts „ist“, kann seinen „Zustand“ *nicht verstehen*.
>
> **III.3.1.2** Im Sein wird auch auf das Nichts verwiesen, ihm Nicht*sein* (als allerdings einziger Verweis) zugesprochen – weshalb es oft analog zu Seinsweisen des Seienden als Modus des Seins statt als seine Verneinung verstanden wird.

III.3.2 Das Nichts als Verneinung des Seins wird auch auf das Seiende bezogen: Jedes Seiende kann auch als nicht seiend gedacht werden – was aber kein absolutes Verschwinden meint. Bezüglich des leblosen Seienden, des Etwas, gibt es nur ein sprachbedingtes *relatives Nicht*-sein, also Modi des Seins: Etwas ist in irgendeiner Hinsicht (zeitlich, räumlich) abwesend, verändert seine Form, löst sich auf, steht im Gegensatz (ist etwas nicht).

III.3.3 Die Sprache bringt auch, in Orientierung an Seiendem, *Nicht-Existierendes* (Erhofftes, Befürchtetes, Noch-nicht-, Nicht-mehr-Seiendes, Mögliches und Unmögliches) ins Sein. Das Nicht-Existierende endet mit der Sprache.

III.3.4 Dass es Seiendes (und seine emergenten Stufen des Lebens), dass es Etwas gibt, ist das *Mystische* – aber nicht in der traditionellen Fassung, denn die Frage, warum ist überhaupt etwas und nicht Nichts, kommt gewissermaßen zu spät: Das bloße leblose Etwas „ist" schon immer im Nichts.

III.3.4.1 Die traditionelle Frage orientiert sich an der Vorstellung von *Leere*. Leere (ebenso Stille) gibt es jedoch nur für das Leben als besondere Erlebnisqualität oder als Fehlen von etwas, als Leere im Raum (wobei selbst das Vakuum quantenphysikalisch nicht leer, ein Zustand niedrigster Energie mit virtuellen Teilen ist). Die Leere ist nicht das Nichts.

III.4 Tod

Das Nichts zeigt sich dem Menschen als *Tod*. Er trifft nur Einzelwesen, beim Menschen das *Ich*, das einen ausdrücklichen Bezug zum Tod hat, ihn aber nur als Verlust erfahren kann. Die Gesellschaft bettet diese Verluste in die Kontinuität der Lebenden ein.

III.4.1 Der Tod betrifft das Ich nicht einfach als Ende, sondern als Verhältnis zum Ende, als jetziger *Bezug* zum Tod, als Sein zum Tode.

III.4.1.1 Der Tod ist eine (universale) *Gewissheit*, gehört unvermeidbar zum Leben.

III.4.1.2 Tod und Leben sind aufeinander bezogen. Der Tod ist das äußerste, *letzte* Widerfahrnis des Lebens. Der Tod lässt Leben als endlich, als zeitlich, so überhaupt Zeit verstehen.

III.4.1.3 Zeitpunkt und Ort des Todes sind *unbestimmt*, er ist jederzeit möglich. Die Sterblichkeit und die Verletzlichkeit als ständige Gefährdungen konstituieren menschliches Leben als „Sorge" (um die Zukunft).

III.4.1.4 Im Tod geht es um das Ich, um *jede selbst*, um meine Welt, und das ist für jede: die Welt überhaupt, die untergehen wird. Als existenzielle Bedrohung zeigt der Tod die existenzielle Einsamkeit des Menschen: Jede muss ihre Welt leben.

III.4.1.5 Untergang der Welt bedeutet das Ende aller Bezüge. Das Nichts ist *bezuglos*. Der Tod lässt so verstehen, dass Leben bedeutet, Bezüge zu haben, und verweist über ihr einstiges Fehlen indirekt auf die Bezüge, die jetzt wichtig sind.

III.4.2 Lässt sich so das Dass des Todes und der Bezug des Menschen zum Tod verstehen, so nicht der „Zustand" des Todes. Der Tod ist *unvorstellbar* (also auch nicht mystisch erfahrbar: Erfahrungen sind immer Erfahrungen von etwas). Sprachliches Bewusstsein kann sich selbst nicht nicht vorstellen und weiß doch zugleich vom Tod als Nichtwissbarem, als Jenseits von Sinn, als Abbruch von Sinn, vom Tod als Welt- und Sprachloses, als absolutes, aber unvorstellbares Ende (denn Ende verweist immer auf Anfang). Der Tod ist gewiss und unbekannt.

III.4.2.1 Antworten auf die *Frage nach dem Danach*, alle Vorstellungen von einem Jenseits sind an die Sprache (Zeit, Raum, Grund) gebunden, sind Analogien zu Lebensphänomenen, nicht das absolute, sprach-lose Nichts (die Toten sprechen nicht). Das einzig treffende Analogon des „Zustands" danach ist der traumlose Schlaf, den man nicht erlebt.

III.4.3 Der Tod ist ein *Verlust. Drohende* Verluste (aller Art) werden in der *Angst* erfahren, *reale* Verluste in der *Trauer*, unumgängliche *erwartbare* Verluste ohne aktuellen Drohcharakter in der *Melancholie.*

III.4.3.1 Der Tod *ängstigt* als Verlust der Welt, als das Unvorstellbare, völlig Unbekannte, und als Verlust von Nahestehenden. Die Angst wird, so gut es geht, durch Flucht in die Welt verscheucht. Man hält sich an die Weltbezüge, geht im Alltag im jeweiligen Tun auf, *verdrängt* den Tod als *existenzielle* Bedrohung. Diese (oft beklagte) Verdrängung des eigenen Todes und des Todes von Nahestehenden ist *notwendig* und „natürlich", der Normalfall, droht der Tod doch jedes Handeln, das (relative) Sicherheit, Vertrauen, Fortsetzung der Welt voraussetzt, als vergeblich in Frage zu stellen. Würde die ständige Bedrohtheit des Lebens dauernd ängstigen, würde Leben verunmöglicht.

III.4.3.1.1 Die Verdrängung gelingt angesichts ständiger gesellschaftlicher Thematisierung von Todesfällen nur unvollständig. Immer wieder bricht das Wissen um den Tod in die eigene Welt ein, kann aber meist zum *bloßen Wissen* entschärft werden: Der Tod wird als biologisches Faktum hingenommen, wird als ein das Ich noch nicht betreffendes Ereignis verstanden, nicht als existenzielle Bedrohung erfahren.

III.4.3.1.2 Kann der eigene Tod und der Tod Nahestehender nicht verdrängt werden (überhaupt bei existenziellen Krisen), wird meist auf *traditionelle Sinnangebote* der Religion, Esoterik oder auch Metaphysik zurückgegriffen, der Tod nicht als absolutes Ende, sondern nur als Übergang in eine andere Sphäre gesehen.

III.4.3.1.3 Todesangst ist eher selten, wird etwa von konkreten Alltagsängsten verdrängt oder auch von der Angst vor einem leidvollen Sterben oder leidvollen Leben. *„Furcht" vor dem Sterben* und Angst vor dem Tod sind aber zwei eigenständige Ängste. Die „Furcht" *entspringt nicht* aus der Verdrängung der Todesangst, sondern kann wie andere Beschäftigungen und Ängste ihrer Verdrängung dienen (genauso gut kann man im Übrigen die Angst als Verdrängung der „Furcht" sehen). Während man die Angst vor dem Tod aushalten muss und nur verdrängen kann – das ist das Besondere der Todesangst –, kann man Leiden selbst beenden und hierfür vorsorgen, so eventuell die Angst vor dem Sterben überwinden.

III.4.3.2 *Trauer* ist Sehnsucht nach Verlorenem, an dem man hing, trauert um einen Verlust (man betrauert also nicht eine Verstorbene, sondern ihr Fehlen, letztlich sich selbst). Sehnsucht, die zu Bindungen motiviert und sie aufrechterhält, wird als Trauer zum Problem.

III.4.3.2.1 Trauer hält an der Bindung zum Verlorenen fest, *verblasst* jedoch meist mit der Zeit. Die Sehnsucht wird auf anderes umgelenkt. Länger andauernde Trauer trifft im Alltag deshalb auf Unverständnis und wird pathologisiert.

III.4.3.2.2 Im Falle des Todes sehnt man sich nach jemandem Unerreichbarem und wird Trauer zur „an sich" *unendlichen Sehnsucht*. Der Endgültigkeit des Todes entspricht die „Ewigkeit" der Trauer. Seit mit der Freisetzung der Gefühle von sozialen Rücksichten und dem Bedeutungsverlust traditioneller Übergangsrituale Trauer zum individuell einzigartigen Gefühl von körperlichem Schmerz und Leid wurde, kommt Trauer quasi „rein" zur Geltung, zeigt sich, dass sie keinen natürlichen Verlauf der Rückkehr ins Leben kennt. Jeder Trost, aber auch Schweigen erscheinen ihr als unangemessen, als Unverständnis der normal Weiterlebenden. Die lebensorientierte Gesellschaft reagiert auf ihre Art und institutionalisiert professionelle „Trauerarbeit“ und Trauergruppen. Intensivierte Kommunikation soll ins Leben zurückholen.

III.4.3.3 Der Tod wird nicht in der Angst „verstanden“, sondern in der *Melancholie*, die den Tod, überhaupt die Endlichkeit als unumgänglichen Verlust „vorwegnimmt“. Sie verdrängt den Tod nicht, sondern behält ihn als Hintergrund allen Lebens im Gedächtnis. Sofern sie nicht in Angst abgleitet, wird ein normales Leben nicht verunmöglicht, allerdings durch die (mehr oder weniger starke) Infragestellung allen Tuns erschwert.

III.4.4 *Gesellschaft* gibt es, solange es Menschen gibt, die kommunizieren (die Gesellschaft stirbt nicht, sie wird enden). Für die Gesellschaft ist der Tod kein existenzielles Ereignis, sondern das alltägliche, statistisch berechenbare Sterben, das Einzelne betrifft. Die Gesellschaft, die „Kultur“ (im weiten, alle menschlichen Aktivitäten umfassenden Sinn), versucht über die Endlichkeit der Einzelnen hinweg die *Kontinuität der Lebenden* und so Dauer, ihr „ewiges“ Weiterlaufen, zu sichern – das allem Leben innewohnende Erhaltungsstreben bestimmt auch die Gesellschaft.

III.4.4.1 Die moderne Gesellschaft, die sich nicht über Personen, sondern Organisationen und (meist vor dem Tod neubesetzte) Rollen reproduziert, wird durch den „Normaltod“ von Einzelnen *nicht* weiter *bedroht*. Der *ungeplante* Tod bleibt allerdings ein *Störfaktor*: Krieg, Terrorismus, Kriminalität, Seuchen, Naturkatastrophen unterbrechen das Normaloperieren – was im Fall der reichen westlichen, nicht in ihrer Existenz bedrohten Ländern oft zu Überreaktionen führt.

III.4.4.2 Der Tod ist für die Gesellschaft heute ein *biologisches* Ereignis, das *funktionsspezifisch* angegangen wird: Die Medizin kümmert sich um den Todeszeitpunkt, um Hospize, Sterbebegleitung, in Verbindung mit Politik und Recht um Fragen der künstlichen Lebensverlängerung oder Sterbehilfe, Politik und Recht um das Bestattungswesen und die rechtlichen und wirtschaftlichen Folgen eines Todesfalls, Psychologie und Religion um Bedürfnisse der Sterbenden und Trauernden.

III.4.4.3 Die „Zersplitterung" des Todes und seine „Verarbeitung" in den Funktionsbereichen – ein Modernisierungs-, kein Verdrängungseffekt – hat zu seinem Gegenstück seine *Individualisierung*: Der Einzelnen bleibt es überlassen, wie sie mit ihrem Tod und dem der Nahestehenden umgeht. Erst jetzt wird auch eine Philosophie möglich, die ihn als existenzielles Problem ernst nimmt.

III.4.4.4 Der Tod war in früheren Zeiten eine Bedrohung der Gemeinschaft (vor allem der Tod von Führern) und ein durch Rituale entschärftes magisch-religiöses Ereignis (ein schwacher Abglanz findet sich noch bei Staatsbegräbnissen). Die *traditionellen Rituale*, die Solidarität, Einheit, Zusammenhalt, so die Neuintegration der Gruppe bekräftigten und den Tod in die vertraute Welt einbezogen, sind heute *gesellschaftlich überflüssig*. Eine gesellschaftliche Sinngebung braucht es (außer im Falle des Krieges) nicht mehr. Und mit der Religiosität und den fixen sozialen Gemeinschaften (Dorf, Familie) ist auch der Sinn der Rituale verlorengegangen. So können die gesellschaftlich üblichen Beileidsfloskeln die Betroffenheit, die sie vorgeben, nicht vermitteln, erscheinen schal und abgedroschen, peinlich. Die Unverstehbarkeit, die Sprach-losigkeit des Todes (der einzig Schweigeminuten „entsprechen", die auf die Grenzen der Kommunikation verweisen) führt zur *Verlegenheit* gegenüber den existenziell Betroffenen, den Sterbenden und Trauernden.

III.4.4.5 In Medien, Film, Theater spielt der reale und imaginäre Tod wie alle Extremereignisse eine Hauptrolle. Der Tod als *biologisches* und *fremde Andere* betreffendes Ereignis wird *nicht verdrängt*.

IV Gesellschaft

Als „gesellig ungesellige“ Wesen sind Menschen in ständigem Widerstreit und aufeinander angewiesen. Sie kommunizieren zur *Verhaltensabstimmung* und schaffen so eine soziale Ordnung (die trennt und vereint). Die Gesellschaft ist die *Gesamtheit der Kommunikation* (abgegrenzt von Nicht-Kommunikation). Die moderne Gesellschaft ist heute durch die modernen Kommunikationsmedien Weltgesellschaft, vorrangig funktional differenziert (die zentralen Bereiche sind Funktionssysteme), hochgradig technisiert, wie jede Gesellschaft aber weiterhin moralisch und ästhetisch fundiert.

IV.1 Kommunikation

Kommunikation ist die (untrennbare) *Einheit von Mitteilung, Information und Verstehen* (Fichteschema: Verstehen und Missverstehen!). Sie benötigt Individuen, die Mitteilung und Information unterscheiden, Informationen mitteilen und mitgeteilte Informationen verstehen.

IV.1.1 Jede *Mitteilung* gibt eine *Information*, und sei es die Information, keine (neue) Information, nur eine Wiederholung (mit Informationswert gegen Null) zu geben. Ohne Information gäbe es nichts mitzuteilen und ohne *Verstehen* weder Information noch Mitteilung.

IV.1.1.1 Die *Mitteilung* wird auf das Individuum zugerechnet (eine nur wahrgenommene, nicht mitgeteilte Information der Situation), als *Handlung* (Absicht) aufgefasst: Man muss ihre Folgen verantworten.

IV.1.1.1.1 Neben dem Mitteilungshandeln kann *Handeln* auch als Information, als *Thema* der Kommunikation vorkommen.

IV.1.2 Die *Individuen* treten über Kommunikation, mit ihren Sinnbeiträgen und ihrem Verstehen, „indirekt“, miteinander in Kontakt, sind außerhalb der Kommunikation intransparent füreinander, nehmen nur mit ihren Kommunikationsbeiträgen („Spielzügen“) an der Gesellschaft teil (vor allem sprachlich, in der Interaktion auch mit ihren Körpern kommunizierend). Die Kommunikation bildet (wie ein Spiel) eine *eigene* (überindividuelle) *Realität* mit eigenen Tatsachen, bildet eigenständige Verstehenszusammenhänge. Die Gesellschaft setzt sich nicht aus Menschen zusammen, die als Nicht-Kommunikation, etwa mit ihren Körpern, Gefühlen, nicht geäußerten Vorstellungen, zur gesellschaftlichen Umwelt gehören (das Verhältnis von Gesellschaft und Individuen ist insofern ein „ökologisches“).

IV.1.2.1 Die Kommunikation *beobachtet* sich selbst über *Handlungen* (Mitteilungen und an Verstehen anschließendes Handeln). Da Handlungen auf Individuen zugeschrieben werden, gilt die Gesellschaft meist als Gesamtheit der Individuen oder des sozialen (auf Andere bezogenen) Handelns.

IV.1.3 Die *Sprache* strukturiert mit ihren Eigenheiten die Kommunikation. Insbesondere kommt das *Nein* in die Kommunikation, die bewusste Möglichkeit, Erwartungen zu enttäuschen, zugleich damit ein starker *Begründungszwang*.

IV.1.4 *Gewalt* kann alle Kommunikation beenden. Die Erfahrung und die Angst vor Gewalt ist eine gesellschaftliche Ursache von Leiden, ihre Eindämmung ein gemeinsames Interesse. Die Politik beansprucht zum gegenseitigen Schutz vor Gewalt das (nationale) Gewaltmonopol, und Gewaltanwendung fordert eine *Begründung*, unterscheidet legitime/illegitime Gewalt.

IV.1.4.1 Gewaltanwendung liegt immer nahe, wenn man seine Ziele nicht friedlich erreichen kann (und wer Gewalt anwendet, sieht sie als gerechtfertigt an, etwa auch mit Verweis auf das Recht des Stärkeren). Da die Gewalttätige oft nur durch *Gegengewalt* zu stoppen ist, zwingt sie ihrem Gegner ihre Mittel auf (und beklagt sich dann typischerweise darüber). Es genügt aber auch schon, dass jede Seite mit Gewaltanwendung rechnen muss. *Wettrüsten* – privat, gruppenbezogen, international – sind immer wieder zu erwarten.

IV.1.4.2 Gewalt als geächteter, anomaler Fall kann auch als Ausbruch aus der Normalität *faszinieren.*

IV.2 Verhaltensabstimmung

Soziale Verbände brauchen verlässliche Erwartungen. Sie „lösen" das Problem der *Verhaltensabstimmung* angesichts „doppelter Kontingenz", der Unsicherheit, der jede gegenüber Anderen wegen der beidseitigen Möglichkeit, Gewalt auszuüben und Nein zu sagen, ausgesetzt ist, durch soziale *Sinnvorgaben*: Verhaltenserwartungen und entsprechende Strukturen (etwa Rollen) – ohne Abweichungen ausschließen oder die zukünftige Entwicklung steuern zu können.

IV.2.1 Die Vorgaben werden in der *Sozialisation* gelernt. Die primären Bezugspersonen erfüllen Erwartungen, schaffen *Vertrauen* und fordern ein bestimmtes Verhalten. Individuelle Interessen werden so mit sozialen Verpflichtungen verknüpft, in die Identität Grundanforderungen von Beziehungen, eine *Grundmoral*, übernommen – verankert im Gewissen. Der Mensch wird zur (berechenbaren) *Person.*

IV.2.2 Es bleibt ein weiter Bereich von Meinungs- und Interessendivergenzen, der geregelt werden muss. Zu Vertrauen und der Grundmoral treten weitere Bindungsmittel. *Gewalt* als stärkstes ist unsicher und mit Risiken (Gegengewalt, rechtlicher Verfolgung) behaftet. Komplexes Handeln erfordert (*Erfolgs-)Medien* wie Macht, Recht, Geld, Liebe. Sie machen ein bestimmtes Verhalten wahrscheinlich – zugleich muss mit (weniger wahrscheinlichen) Abweichungen gerechnet werden.

IV.2.2.1 Die Medien (in der modernen Gesellschaft die Funktionssysteme) können nur funktionieren, wenn sie durch Vertrauen und die Grundmoral gestützt werden,

Abweichungen (etwa Gewalteinsatz) die *Ausnahme* bleiben und sanktioniert werden.

IV.2.3 Bei *Enttäuschung* von Erwartungen wird an den Erwartungen entweder kontrafaktisch festgehalten, die *normative* Reaktion (Externalisierung: Die Umwelt soll sich ändern), oder sie werden geändert, die kognitive Reaktion, *Lernen* (Internalisierung: Eigenänderung).

IV.2.4 Die Erwartungen und das Verhalten ändern sich mit den *Verbreitungsmedien*: Sprache, Schrift, Druck, Computer erlauben eine je komplexere Kommunikation. Die Tendenz geht dabei von hierarchischer zu heterarchischer Ordnung (heute etwa Untergrabung von Expertenautorität durch das Internet).

IV.3 Moderne Gesellschaft

Vormoderne Gesellschaften waren vorrangig segmentär (multifunktionale, gleichartige, gleichrangige Einheiten) oder hierarchisch (ungleichartige und ungleichrangige Teile) und nach Zentrum/Peripherie gegliedert. Die *moderne Gesellschaft* ist *vorrangig funktional differenziert* (ungleichartige, gleichrangige Teile) und *Weltgesellschaft* – nicht als Gleichheit der Merkmale, sondern der Themen und Unterscheidungen, an denen sie sich orientiert bzw. orientieren muss (vor allem Vorgaben der Weltwirtschaft), als weltweite, Raumgrenzen ignorierende Kommunikation. Warum sie sich durchsetzte, ist umstritten und nur historisch zu klären.

IV.3.1 *Segmentäre* Differenzierung besteht weiter bei Unternehmen, Familien, Staaten, *Hierarchien* in Organisationen. Auch gibt es weiterhin, heute „an sich" verzichtbar, aber nicht eliminierbar, *soziale Ungleichheiten* und *Zentrum/Peripherie*-Unterschiede (Regionen als Weltwirtschaftszentren, Stadt/Land-Gefälle).

IV.3.2 Die *Funktionssysteme* sind für je *ein gesellschaftliches Problem* zuständig, das nur von ihnen behandelt werden kann (*spezialisierte Universalität*) – im Gegensatz zu Leistungen, die mehrere Systeme erbringen können. Die Funktionserfüllung ist rationalisiert, die Systeme bilden je eigene Kommunikationszusammenhänge, operieren *eigengesetzlich*, indem sie sich mittels Grundunterscheidungen, (asymmetrischen Präferenz-) *Codes* (Haben ist „an sich" Nichthaben, Wissen dem Nichtwissen vorzuziehen), und personen- und situationsunabhängigen (symbolisch generalisierten Erfolgs-) *Medien* (sie stärken den positiven Codewert: Geld, Recht haben) von ihrer Umwelt abgrenzen. Die Werte des Codes werden durch *Programme* (Kriterien) zugewiesen. Selbstverständliche, gewisse *Selbstbegrenzungen* („Kontingenzformeln") legen Kriterien für verarbeitbare Möglichkeiten fest, schränken die Kontingenz, das auch anders möglich sein, für ihre Operationen ein. Außerdem besteht jeweils ein *Körperbezug* („symbiotische Mechanismen" oder Symbole). Die Abgrenzung als Funktionssystem ist mehr oder weniger eindeutig, die genannten Kriterien sind unterschiedlich ausgeprägt, zeigen aber die Eigenheiten von Kommunikationszusammenhängen auf. Wie ein Bereich dann eingeordnet wird, ist letztlich zweitrangig.

IV.3.2.1 Die *Kommunikationsmedien* wirken durch *Zurechnung* auf Erleben (Hinnehmen) und Handeln (Alter kommuniziert, Ego versteht): Wahrheit stellt den Anspruch, gleich zu erleben (A erlebt, E erlebt); Liebe fordert, dass mein Handeln das Erleben der Anderen berücksichtigt (A erlebt, E handelt); die Kommunikation mit Geld, Kunst soll hingenommen werden (A handelt, E erlebt); Macht erzwingt ein bestimmtes Handeln (A handelt, E handelt).

IV.3.2.2 Die *Motivation* zur Teilnahme an den Funktionssystemen ist unterschiedlich (Macht, Geld sind starke Motive, Teilnahme an Wirtschaft eine Notwendigkeit, an Wissenschaft verzichtbar). Auch die Funktionserfüllung kann in manchen Fällen motivieren (die Suche nach neuen Erkenntnissen den Wissenschaftler), ist aber meist auf andere Motive angewiesen (die Selektionsfunktion der Schule motiviert keinen Lehrer).

IV.3.3 Die Gesellschaft ist *von allen* Funktionssystemen zugleich *abhängig* (eine stabile Wirtschaft benötigt einen funktionierenden rechtlichen Rahmen, ausgebildete Arbeiter, politisch gesicherte Infrastruktur). Sie sind über gemeinsame Strukturen gekoppelt (etwa mittels Verträgen mit unterschiedlichen rechtlichen und wirtschaftlichen Folgen), aber *nicht* aufeinander *abgestimmt*. Mangelnde Funktionserfüllung schlägt auf die anderen Systeme durch (stockt die Wirtschaft müssen die anderen Systeme ihre Leistungen herunterfahren; eine Überlastung des Gesundheitssystems legt die ganze Gesellschaft lahm). Auch zu viel Aktivität mit zu hohen Leistungsanforderungen an die anderen Systeme schafft Probleme (etwa teure politische Programme). Die *Synchronisation* der nach ihrer jeweiligen Eigenlogik operierenden Systeme stellt ein Dauerproblem dar. Die Gesellschaft wird ständig durch Ungleichgewichte gefährdet. Wo die Grenze noch beherrschbarer Komplexität liegt, ist unvorhersehbar.

IV.3.3.1 Die *Evolutionsgeschwindigkeit nimmt* heute *zu*. Neues veraltet schnell. Die Gegenwart, verstanden als relativ konstanter Zeitraum, als fortgeschriebene (überraschungslose) Vergangenheit, schrumpft. Die Gesellschaft wird komplexer und die zeitlichen Auswirkungen jetzigen Handelns reichen immer stärker in die Zukunft. *Planung* wird zugleich *nötiger und unmöglicher*.

IV.3.3.1.1 *Pläne* sind stets *unterkomplex*, fußen auf ausgewählten Kausalbeziehungen. Bei kurzfristigen und begrenzten Planungen ist das vernachlässigbar, nicht aber bei komplexen Langfristplanungen, wo unerwartete Ereignisse, Nebenfolgen die Situation immer wieder verändern. Auch können Pläne sich selbst nicht einbeziehen: Die Situation mit Planung ist eine andere als vor der Planung, und diese Situation entwickelt sich.

IV.3.3.1.2 Die Evolution der heutigen Gesellschaft lässt sich formal beschreiben als *Variation* der Elemente, der Kommunikationsbeiträge, *Selektion* mittels Erfolgsmedien (Geld, Recht, Wahrheit) und (Erwartungs-)Strukturen (Gesetze, Investitionsregeln), gegebenenfalls Änderung von Strukturen, *Restabilisierung* der Gesellschaft durch Reaktion der anderen Funktionssysteme. Angesichts gestiegener Evolutionsgeschwindigkeit regen die Funktionssysteme zur Stabilisierung weitere Variationen an: Restabilisierung und Variation fallen immer mehr zusammen, der erreichte Stand gilt nur vorläufig, *Unsicherheit und Lernen* werden zum Dauerzustand.

IV.3.3.2 Jedes System tendiert zur Ausdehnung, zur *Inflation* – was sich in Verrechtlichung, Politisierung, Verwissenschaftlichung, Pädagogisierung der ganzen Gesellschaft zeigt. Bessere Funktionserfüllung (mehr Bedarfssicherung, Erkenntnisse, Erwartungssicherheit) gilt als wünschenswert (für Deflationen, bei denen Möglichkeiten nicht genutzt werden, gibt es keine internen Gründe).

IV.3.3.2.1 Inflationär wirken auch die *Ansprüche* anderer Systeme und der Individuen (mehr Geld, Bildung, Gesundheit, Sicherheit), ebenso die *Medien*, die, da sie zu einem „an sich" unwahrscheinlichem Verhalten motivieren sollen, tendenziell mehr versprechen, als sie halten können – mit entsprechender Entwertung bei Enttäuschungen (etwa, wenn sich Gesetze nicht durchsetzen lassen).

IV.3.3.2.2 *Gegen* die inflationären Tendenzen wirkt, dass sich die Systeme gegen (vor allem politische) Eingriffe in ihre Programme und *Überforderungen* (Leistungsanforderungen) durch die anderen wehren (die Wirtschaft setzt so finanzielle Grenzen).

IV.3.4 Die funktionale Differenzierung ist eine *weltgesellschaftliche Vorgabe*, die sich unterschiedlich durchsetzt oder bemerkbar macht. Geographische (etwa Randlage), ökologische, kulturelle, religiöse, wirtschaftliche, politische Gegebenheiten (Korruption; in Clanstrukturen oder Theokratien überlagern sich Macht, Wirtschaft, Religion) fördern oder behindern die Funktionssysteme, führen zu länder- oder *regionsspezifischen Ausprägungen* und Ungleichgewichten.

IV.3.5 Die Unterscheidung *Inklusion/Exklusion* ist den Unterscheidungen der Funktionssysteme vorgelagert. Große Teile der Weltbevölkerung sind von den Funktionssystemen ganz oder teilweise ausgeschlossen („an sich" nicht prinzipiell, sondern wegen negativer Interdependenzen: ohne Arbeit, Geld keine oder schlechte Wohnung, ohne Wohnung aber keine Arbeit, keine oder kaum Erziehung, medizinische Versorgung, kein rechtlicher Schutz). Der (stark integrierende, Freiheiten einschränkende) Exklusionsbereich orientiert sich direkt an den physischen Bedürfnissen. Statt Personen zählen Körper (Hunger, Gewalt, Sexualität).

IV.3.6 Neben Funktionssystemen und der Gesellschaft als Gesamtheit der Kommunikation bilden heute Interaktionen, Organisationen, Familien (Freundschaften), Szenen abgrenzbare *soziale Einheiten*.

IV.3.6.1 *Interaktionen*, Kommunikation unter Anwesenden, vollziehen gesellschaftliche Episoden (setzen, vor allem mittels Themen, Anfang und Ende innerhalb der „unendlichen" Gesellschaft).

IV.3.6.1.1 Interaktionen beruhen auf *Wahrnehmungen*: gegenseitigem Wahrnehmen und Wahrnehmen der Wahrnehmungen Anderer. Wahrgenommenes Verhalten wird interpretiert (oft fälschlich als Mitteilung, Kommunikation, verstanden) und oft auch über Wahrnehmungen kommuniziert.

IV.3.6.2 *Organisationen* ermöglichen komplexe spezialisierte Problembearbeitungen. Sie bestimmen und ermöglichen die heutige Gesellschaft. Organisationen bilden sich über die *Kommunikation von Entscheidungen.* Insbesondere entscheiden sie über ihre Mitglieder und deren Rollen und grenzen sich zu Nichtmitgliedern als ihrer Umwelt ab. Obwohl sie an mehreren Funktionssystemen teilnehmen (insbesondere Recht und Wirtschaft), sind sie vorrangig an einem Funktionssystem orientiert (Wirtschaftsorganisation, politische Organisation).

IV.3.6.2.1 Organisationen werden traditionell nach einem *Rationalmodell* (Zweck/Mittel, Regelgebundenheit, Befehl/Gehorsam) verstanden. In komplexen Organisationen gibt es aber weder einen eindeutigen Organisationszweck (oder er ist nicht operationalisierbar; oft beklagt: die Verwandlung der Mittel zum Zweck), noch sind Regeln oder eine klare Befehlshierarchie immer oder nur mit unerwünschten Folgen durchsetzbar.

IV.3.6.2.2 In der heutigen unsicheren Welt müssen Organisationen aktiv ihre Entscheidungsfähigkeit erhalten oder verbessern. *Bürokratie*, die an ihren (für Beobachter oft nicht mehr zeitgemäßen) Routinen festhält, wird deshalb negativ gesehen, *Innovationen* positiv (wobei die Unsicherheiten und Widerstände, die sie mit sich bringen, meist unterschätzt werden).

IV.3.6.3 *Familien* (Intimbeziehungen) und *Freundschaften* haben heute ihre Multifunktionalität verloren, dienen vor allem der Identitätsbildung und Identitätsbestätigung.

IV.3.6.4 In *Szenen* treffen sich (nicht organisierte) Personen mit gleichen politischen, ästhetischen oder Freizeitinteressen (Konzert-, Theater-, Sportpublikum, Internetforen). Sie werden soziologisch teils sozialen Milieus zugeordnet, deren Abgrenzung und Anzahl jedoch unklar ist.

IV.3.6.4.1 *Proteste* wenden sich an die Politik. Sie thematisieren von der Gesellschaft vernachlässigte Probleme, alarmieren – das kann man als ihre Funktion ansehen. Wenn sie Massen mobilisieren, setzen sie neue politische Themen, manchmal ihre Forderungen durch. Bei längerfristiger Politisierung werden Proteste „vereinnahmt", bilden sich Organisationen.

IV.3.6.4.2 Szenen haben für die *Einzelne*, die heute ihre Identität selbst bestimmen muss, die Funktion, zur *Identitätsbildung* und -stabilisierung beizutragen, bieten Lebenssinn. Bei Protesten, die sich „offiziell" über ihre Themen definieren, ist diese Funktion latent – eine Szene wartet hier auf geeignete Themen, an denen sich Proteste entzünden können.

IV.4 Funktionssysteme

Die zentralen Bereiche der Gesellschaft – Politik, Wirtschaft, Recht, Wissenschaft (mit Medizin) – lassen sich als *Funktionssysteme* beschreiben, außerdem teilweise Erziehung sowie Religion. Die unsichere Zukunft, ein unlösbares Dauerproblem, wird von ihnen zu bearbeitbaren Problemen reduziert.

IV.4.1 Die *Politik* hat die Funktion, *Kollektivgüter* durch bindende Entscheidungen zu *gewährleisten*. Sie verwandelt Zukunftsunsicherheit in Konsens- und Durchsetzungsprobleme (mit permanentem Reorientierungsbedarf – auch bei der Definition der Kollektivgüter). Zur Durchsetzung bedarf es des *Gewalt*monopols (Körperbezug). Die Drohung mit negativen Sanktionen und mit Gewalt als ultima ratio und die Angst vor ihnen erlaubt den Einsatz von *Macht* als Kommunikationsmedium (institutionalisiert in Ämtern; der faktische Gebrauch von Gewalt zeigt das Scheitern des Mediums an). Über den Machthaber, den Code *Macht/Ohnmacht* oder Machtunterlegenheit, entscheiden in Demokratien, formal meist auch in autoritären Ländern, Wahlen (Mehrheit/

Minderheit). Der Machtgebrauch muss sich am *Gemeinwohl* orientieren (faktisch ist es in der pluralistischen Gesellschaft immer partikular) und als *legitim* (heute vor allem durch anerkannte Verfahren: Wahlen, parlamentarisch verabschiedete Gesetze) ausweisen (Begrenzungsformeln). Zentraler Bezugspunkt der politischen Kommunikation (Adressat für Erwartungen, Ansprüche) ist der *Staat* (Parlamente, Regierungen, Verwaltungen). Die Weltgesellschaft ist politisch in *Nationalstaaten* und regionale Zusammenschlüsse gegliedert, die ihre unterschiedlichen Interessen in der Weltpolitik vertreten.

IV.4.1.1 Das *Gewaltmonopol* (Souveränität) sichert in letzter Instanz jede politische und rechtliche Maßnahme ab. Insbesondere soll es – die grundlegendste politische Aufgabe und Voraussetzung komplexen Handelns – die Unversehrtheit von Leib und Leben garantieren, Sicherheit vor nicht legitimer Gewalt bieten.

IV.4.1.1.1 Im Namen von Sicherheit und Ordnung kann die Freiheit der Einzelnen beschnitten werden. Institutionelle Vorkehrungen zur *Begrenzung staatlicher Macht* (Gewaltenteilung, Menschenrechte) bleiben auf einen politischen Grundkonsens angewiesen und können je nach *empfundener Bedrohungslage* (kein westlicher Staat ist durch Terrorismus in seiner Existenz gefährdet) auch ausgehebelt werden.

IV.4.1.2 Die Politik macht den anderen Systemen zur Durchsetzung ihrer Programme und Pläne bindende Vorschriften. Wie diese wirken, kann sie jedoch nur begrenzt voraussehen. Eine politische *Steuerung* der anderen Systeme ist nicht oder *nur indirekt* (als Kontextsteuerung) und mit vielen „Nebenfolgen“ möglich. Das politisch Erwünschte (etwa Wohnungserwerb durch Niedriglohnbezieher) kann ein System oder die ganze Gesellschaft in die Krise führen (Finanzkrise 2008). Der von der Öffentlichkeit geforderten Steuerung und dem Steuerungsanspruch der Politik entspricht keine entsprechende Steuerungskapazität – die *Gestaltungs*- und *Kontrollillusion* ist ein entscheidender Grund für Enttäuschungen: für Staatsversagen, Politikverdrossenheit, Radikalisierung, Abwahl von Regierungen oder Umstürze.

IV.4.1.2.1 Mit den Problemen, Aufgaben und Ansprüchen nimmt die Regelungsdichte und *Bürokratie* und zugleich die Kritik an ihnen zu.

IV.4.1.2.2 Die Gesellschaft ist zwar nicht steuerbar, aber durch die modernen Institutionen, *Überwachungs- und Gewaltmittel* lassen sich (bei stabiler staatlicher Macht) fast alle politisch angeordneten Maßnahmen (zunächst) umsetzen. Das gilt auch für Menschenrechtsverstöße.

IV.4.1.2.3 *Umstürze*, Revolutionen haben nur eine Chance, wenn sich innerhalb des Staatsapparats Missmut breitmacht und Teile des Apparats und der Eliten zur Opposition überlaufen (oder bei ausländischer Intervention).

IV.4.1.3 *Ideologien* legitimieren politische Systeme und politisches Handeln (und reduzieren so Weltkomplexität). Sie vertreten (mit Schlagworten, einfachen Oppositionen) unterschiedliche Werte, Werthierarchien und Handlungsweisen und werfen sich gegenseitig unbeachtete Folgen vor.

IV.4.1.3.1 Die *traditionellen* Ideologien (Konservativismus, Liberalismus, Sozialismus) bezogen sich auf ein Sozialmodell und stützten sich auf Sozialmilieus, die sich heute aufgelöst haben.

IV.4.1.3.2 Als typisch für die Moderne gelten Kennzeichen wie Aufklärung, Freiheit, Gleichheit, Solidarität, Humanität, Demokratie, rationale Gestaltung (Bürokratisierung, affektive Neutralität), Säkularisierung, Universalismus (Auflösung des Lokalen), Kapitalismus, Individualismus (Eigeninteresse, Leistungs-

und Erfolgsstreben statt Herkunft) – liberale Werte. Die Parteien, die heute die Moderne und die westliche Demokratie verteidigen, vertreten mit unterschiedlichen Akzenten ein *liberales Weltverständnis*: Die „Liberalen" wollen einen möglichst schlanken Staat (Freiheit, Eigeninitiative der Einzelnen), die „Radikaldemokraten" die Mängel der Gesellschaft durch Staatseingriffe (die faktisch immer mehr zunehmen) beseitigen.

IV.4.1.3.3 Gegen den Liberalismus stehen *Einheitskonzeptionen.* Sie beriefen sich auf Rasse (Nationalsozialismus) oder Klasse (Kommunismus) und leben heute vielerorts fort in Form von *autoritärem Nationalismus* und *religiösem Fundamentalismus* (moderne Erneuerungsbewegungen, die Traditionen nachahmen). Die Abgrenzungen nach außen (oft auch der Anspruch einer besonderen Mission für die Menschheit) werden hier durch Abgrenzungen nach innen (gegen Unzuverlässige, Ungläubige, Minderheiten) ergänzt, die Politik remoralisiert. Zur „Verteidigung" der eigenen Werte gilt auch Gewaltanwendung und Krieg gerechtfertigt.

IV.4.1.3.4 Setzt sich ein Wert *allgemein* durch, vertreten ihn alle Parteien in unterschiedlicher Interpretation (so traditionell die Nation) und „versöhnen" ihn mit anderen Werten (so heute Wirtschaftswachstum und Ökologie als nachhaltige Entwicklung). Bestimmte Parteien können dabei vorrangig mit dem Wert identifiziert werden (rechte Parteien mit der Nation, die Grünen mit Ökologie).

IV.4.1.4 Die *Nation* ist bis heute oberster Bezugspunkt des Staats. Nationen grenzen sich durch emotional verankerte (objektive, fiktive) politische und/oder ethnische, sprachliche, kulturelle, historische, religiöse *Gemeinsamkeiten* von anderen Nationen ab. Nationen erwachen nicht zum Leben, sondern werden mit Hilfe von Verbreitungsmedien – Zeitungen, Bücher, Radio, Fernsehen und über sie vermittelte Ursprungsmythen, gemeinsame Projekte, Probleme – „erfunden". Mit dem Bewusstsein, eine Nation zu bilden, geht der Anspruch auf *politische Selbstbestimmung* einher. Allgemeinere Zusammenschlüsse konnten bis jetzt kaum Identitätsbewusstsein hervorbringen. Die Zugehörigkeit zu einer Nation begründet besondere Staatsbürgerrechte und -pflichten.

IV.4.2 Die *Wirtschaft* kümmert sich um *Zukunftsvorsorge* (Funktion), reguliert *Knappheiten* (die Begrenzung – nicht knappe Güter sind wirtschaftlich uninteressant) zur Gewährleistung zukünftiger *Bedürfnisse* (Körperbezug). Der Code *Zahlen/Nichtzahlen* bedient sich des Mediums *Geld*, das über Preise (Programme) Zugriff auf knappe Güter erlaubt.

IV.4.2.1 Fast weltweit haben sich verschiedene Formen des *Kapitalismus* als effizienteste und dynamischste Wirtschaftsorganisation durchgesetzt.

IV.4.2.1.1 Der Kapitalismus führte durch seine kapitalintensive, dezentrale Massenproduktion, die Massenkonsum verlangte und ermöglichte, zu einem *höheren Lebensstandard* auch der Nichtvermögenden.

IV.4.2.1.2 Zentral für den Kapitalismus sind ungeplante, dezentral organisierte, preisbildende *Märkte* (Konkurrenz, die für Effizienz, Optimierung der Allokation und Produktion sorgt) und *Privateigentum*, privates Kapital (das Gewinn erzielt und reinvestiert), und als Folge soziale *Ungleichheit*.

IV.4.2.1.3 Die *Evolution* der kapitalistischen Wirtschaft läuft über Spekulation auf Produktionsnachfrage (Variation), Selektion über den Markt (mit vielfachem Scheitern – Chancen und Risiken tragen „an sich" die Einzelnen) und politisch-rechtlicher Restabilisierung (u. a. Absicherung des sozialen Friedens).

Krisen sind angesichts der Dynamik und des ständigen Strukturwandels normal.

IV.4.2.1.4 In einer dynamischen Wirtschaft führen Lösungen oder die Entschärfung von Knappheitsproblemen durch *Wachstum* zu Verlagerungen, zu Knappheiten an anderer Stelle (Massenmotorisierung, Massenwohnungsbau, Industrieansiedlung etwa zu Knappheit an Ressourcen und unberührter, sauberer Umwelt) und zu neuen Bedürfnissen (Nachfrage nach neuen Produkten, nach Absicherung von immer mehr Lebensrisiken). Auch könnte ein immanenter Wachstumszwang des Kapitalismus bestehen (Notwendigkeit steigender Gewinne zum Erhalt des gegenwärtigen Kapitalwerts). Jedenfalls ist heute aus politischen Gründen (Ziel: Wohlstand) Wachstum notwendig, gerade auch um die Folgen des Wachstums (u. a. der Bevölkerung) aufzufangen. Umstritten ist, ob es eine nachindustrielle Informationsgesellschaft mit „immateriellem" Wachstum geben kann, die ökologische Grenzen einhält.

IV.4.2.1.5 Der Kapitalismus wird nicht durch einzelne Wirtschaftsakteure (Monopole) *gefährdet*, deren Stellung sich schnell ändern kann, sondern durch die Politik, wenn sie die Rolle der Märkte (Selektion) ausschaltet, das Privateigentum bedroht oder die Funktion des Geldes (politisch gesteuerte Zinsen, Überschuldung) stört.

IV.4.3 Das *Recht* (System und Medium) mit dem Code *Recht/Unrecht* hat die Funktion, *Erwartungen zu stabilisieren* (auch und gerade kontrafaktisch, wenn gegen sie verstoßen wird), Berechenbarkeit herzustellen. Wer im Recht ist, wird im Konfliktfall durch Macht (Gewalt) geschützt. Von sich selbst fordert es *Gerechtigkeit* (Begrenzungsformel) als moralische Grundlage: Unparteilichkeit und die Gleichbehandlung gleicher und Ungleichbehandlung ungleicher Fälle (anhand von Kriterien wie Sachgemäßheit, Verhältnismäßigkeit, Fairness, wobei die Ausgrenzung des Ungerechten leichter ist).

IV.4.3.1 *Modernes* (säkulares, liberales) *Recht* ist allgemein-abstrakt, für alle gleich, individualistisch (der Rechtsstaat schützt das Individuum – durch und gegen öffentliche Gewalt), gesetzt durch legitime Verfahren (prozedural). Auch Diktaturen halten den Schein der Rechtsstaatlichkeit aufrecht.

IV.4.3.1.1 Das Recht ist wie die Politik *national* unterschiedlich organisiert (grundsätzlich in Anlehnung an kontinentaleuropäisches kodifiziertes Recht oder anglo-amerikanisches case law), geht aber zunehmend ähnlich vor und wird durch supra- und internationale Regelungen überlagert.

IV.4.3.1.2 Als überpositives Recht erkennt die Weltgesellschaft die *Menschenrechte* (in unterschiedlicher Interpretation) an, die von nationalen Gesetzen („positiviertes Naturrecht“) umgesetzt werden müssen. Menschenrechtsverstöße werden vermehrt verfolgt (internationaler Strafgerichtshof).

IV.4.3.2 Das Recht erbringt vielfältige, oft als Funktionen bezeichnete *Leistungen*, etwa für die Politik Verhaltenssteuerung zur Programmdurchsetzung sowie Organisation, Stabilisierung und Legitimation von Herrschaft, für die ganze Gesellschaft Streitentscheidung (hierin könnte man eine zweite Funktion sehen), für die Einzelnen in liberalen Staaten Rechtsgarantie.

IV.4.3.2.1 Das Recht kann seine Funktionen/Leistungen nur erfüllen (und damit das Normaloperieren der Funktionssysteme, überhaupt der ganzen Gesellschaft – ihres jeweiligen Geltungsbereichs – sichern), wenn Verstöße gegen es Einzelfälle, Ausnahmen, bleiben, die Gesellschaft, insbesondere Politik, von einem *moralischen Grundkonsens* getragen wird.

IV.4.3.3 Mit der Komplexität der Gesellschaft steigt die Komplexität des Rechts und nehmen die *Rechtslücken* zu. Sie werden durch Politik oder Richterrecht (gestützt auf Experten) geschlossen.

IV.4.3.3.1 Die Politik muss schnell auf neue (soziale, technische, ökologische) Entwicklungen reagieren. Erwartungssicherheit und dynamische Anpassung, also Lernen, sind aber nicht zugleich möglich, so dass in einigen Gebieten teils auf *kodifiziertes Recht verzichtet* wird. Verwaltung und Rechtsprechung werden mit unbestimmten Rechtsbegriffen (angemessen, verhältnismäßig, fahrlässig) und Generalklauseln (Treu und Glauben, gute Sitten, billiges Ermessen) Entscheidungsspielräume eingeräumt.

IV.4.3.3.2 Trotz Lücken im Recht muss wegen des Rechtsverweigerungsverbots entschieden werden. Das *Richterrecht* nimmt zu. Da zudem fast jede politisch umstrittene Frage bei den Verfassungsgerichten landet, werden insbesondere die Verfassungsrichter zum Gesetzgeber (eine Art Oligarchie, die die Gewaltenteilung unterläuft – was durch Formeln wie „Rechtsidee", „Natur der Sache" verschleiert wird).

IV.4.3.3.3 Sowohl Politik als auch Richter stützen sich auf den neusten Stand von Wissenschaft und Technik, so dass *Experten* oft zu einer Art Ersatzrichter werden.

IV.4.4 Die *Wissenschaften* haben die Funktion, *neue Erkenntnisse* zu gewinnen. Sie orientieren sich am Code *wahr/falsch* (Medium *Wahrheit*). Wissenschaft ist ein Begründungszusammenhang gegenwärtig wahrer Sätze (die sich im Gegensatz zu Gewissheiten prinzipiell auch als falsch erweisen können). Zur Zuweisung der Codewerte dienen Theorien und Methoden (Programme), in letzter Instanz *Wahrnehmungen* (Körperbezug) in einer geordneten, *begrenzten* Welt.

IV.4.4.1 Neues Wissen wird benötigt, weil der Mensch überall, wo er nicht versteht, verstehen muss oder *ver-*

stehen will, sei es wegen praktischer Probleme oder aus Neugierde.

IV.4.4.1.1 Als starkes Motiv treibt die *Neugierde* (philosophisch positiv gefasst: das Staunen) fort zum Selbstzweck (ohne praktische Anwendung), zum Verstehen, um zu verstehen, zum *Wissen, um zu wissen*. Wissen gilt als wünschenswert, rechtfertigt sich in letzter Instanz selbst (wenn Verantwortung der Wissenschaften angemahnt wird, geht es nicht um Wissen „an sich", sondern um seine Anwendung).

IV.4.4.2 *Sprache* (Logik) verlangt stimmige Verweisungszusammenhänge, stimmige theoretische Konstruktionen. Auch wissenschaftliche Gründe sind sprachliche Gründe, haben keinen direkten Durchgriff auf Nichtsprachliches. Wissenschaft *passt sich* nicht an die Welt, sondern *an sich selbst an*, getrieben durch ihre eigenen Unterscheidungen und Tatsachen. Ihre Intersubjektivität, die soziale, *sprachliche Übereinstimmung*, macht sie plausibel.

IV.4.4.2.1 Die heutigen komplexen, Disziplingrenzen sprengenden Probleme scheinen eine realitätsgerechte, *„transdisziplinäre" Forschung* zu erfordern. Die Lösungssuche beruht jedoch immer auf disziplinärem Wissen, so dass es im besten Fall zu einer Ergänzung naturwissenschaftlicher Forschung etwa mit Soziologie oder Psychologie kommt – mit der Folge von zahlreicheren Unterscheidungen und mehr Unsicherheiten.

IV.4.4.3 Wissenschaftliches Wissen steht unter Änderungsvorbehalt, ist *vorläufiges Wissen* und löst alltägliche Gewissheiten auf. Moderne Wissenschaft ist ein kontinuierliches Problematisieren, schreitet (ohne Stoppregel) von einem Problem zum nächsten: Problemlösungen erzeugen neue Probleme.

IV.4.4.3.1 Die Sicherheit wissenschaftlichen Wissens und seine Verlässlichkeit als „rationale" Handlungsgrundlage werden in der Gesellschaft, die angesichts gestiegener Unsicherheiten zunehmend von Wissenschaft abhängig ist, *überschätzt*. Kommt es – zwangsläufig – zu Fehleinschätzungen, gilt das, was natürlich immer richtig ist, nur als falsche Wahl der Experten. Das Wissensproblem wird *personalisiert*.

IV.4.4.4 Die Welt und die Gesellschaft lassen sich auf verschiedene, plurale Weisen konstruieren. Die Zugangsweise bestimmt mit über die Gegebenheitsweise (wer von einer geistbeseelten Natur ausgeht, wird den Geist dort auch finden). In *unterschiedlichen Perspektiven* werden je andere Tatsachen und Wahrheiten konstruiert.

IV.4.4.4.1 Auch bei gleichen Tatsachen oder mit der gleichen Methode gibt es oft *mehrere Wahrheiten* (so bei unterschiedlichen phänomenologischen, marxistischen, sprachphilosophischen Richtungen, aber auch bei Dateninterpretationen in den Naturwissenschaften).

IV.4.4.4.2 Mit der einen Wahrheit löst sich auch der traditionelle, an der Technik, eindeutigen Kausalitäten, orientierte *Rationalitäts*begriff auf. Rationalität dient weiterhin zur Entschuldigung, wenn etwas schiefgeht (schließlich hatte man rational entschieden), vor allem aber zur polemischen Abgrenzung – niemand will irrational sein –, behauptet die Selbstverständlichkeit einer Position und geht mit Achtungsentzug gegenüber der Irrationalen in Moral über.

IV.4.4.4.3 Die Unterscheidung rational/irrational ist durch die Unterscheidung *plausibel*/unplausibel zu ersetzen, die die Veränderbarkeit der Maßstäbe und die unterschiedlichen Perspektiven berücksichtigt – und trotzdem ein Besserwissen erlaubt.

IV.4.4.4.4 Der traditionelle Rationalitätsglaube ist überholt, die *wissenschaftliche Konstruktion* der Welt aber weiterhin für die Gesellschaft *maßgebend* und am plausibelsten, also nicht etwa durch anderes Wissen (wie Esoterik) zu ersetzen.

IV.4.4.5 Die modernen *Naturwissenschaften*, gekennzeichnet durch Beobachtung (Intersubjektivität), Experiment (Überprüfbarkeit) und symbolischer (mathematischer) Darstellung, bewähren sich bei *praktischen Problemen*, helfen Techniken zu entwickeln. Ihre Vorgehensweise gilt oft als Kriterium für Wissenschaftlichkeit überhaupt.

IV.4.4.5.1 Unverzichtbar für Natur- und oft auch Humanwissenschaften ist *Mathematik*. Als eigenständiges Zeichensystem konstruiert sie sich ihre eigene Welt. Über „die" Natur sagt das nichts weiter aus, als dass sie sich (teils) mathematisch fassen (und technisch nutzen) lässt.

IV.4.4.5.2 Traditionell galt und gilt oft noch die *Physik* in Bezug auf „das Wesen" der (leblosen) Natur als zuständig, das sie reduktiv, durch Zerlegung in Einzelteile oder Einzelereignisse, Rekonstruktion durch Zusammenbau der Teile und mit Hilfe der Mathematik konstruiert. Mathematik kann über jede Anschauung hinaus Phänomene berechnen. Übersetzt man die mathematischen physikalischen Theorien des Mikro- (Teilchen-, Quantenphysik) und Makrobereichs (Astronomie, Kosmologie) allerdings in Alltagssprache, kommt man zu falschen Gleichsetzungen (etwa von mathematischer mit Alltagszeit) und verliert sich in phantastischen Spekulationen (Multiversen, Strings mit zehn Dimensionen, Zeitreisen), physikalischer Metaphysik (deutlich auch beim „anthropischen Prinzip", nach dem, ähnlich wie bei Hegel, im nur in diesem Universum möglichen Menschen – Physiker – das Universum sich selbst erkennt und Intelligenz ewig fortlebt). Allerdings hat physikalische Metaphysik, in der Zeit der Aufklärung oft Religionsersatz, Weltanschauung, keine gesellschaftliche Wirkung mehr: Änderungen im physikalischen Weltbild interessieren, auch wenn sie sensationell aufgemacht werden, nur noch die Experten.

IV.4.4.6 Die *Biologie* prägt mit ihren Grundbegriffen Leben und Evolution auch deren philosophische Vorstellungen mit.

IV.4.4.6.1 Der Unterschied von Leben und Leblosem lässt sich biologisch über die Unterscheidung von teleomatischen (von äußeren Bedingungen abhängigen, automatisch ablaufenden) Vorgängen und teleonomischen bestimmen: *Lebewesen* sind mit einem Plan ausgestattet, der für Selbsterhaltung und Fortpflanzung Vorgaben macht, wobei äußere Faktoren begrenzen, nicht lenken. Lebewesen sind autonom oder heute: autopoietisch (erzeugen ihre eigenen Grenzen, haben eine eigene Identität).

IV.4.4.6.2 Wie jede Unterscheidung ist auch die von Leblosem und Lebendigem unscharf, weshalb die Biologie eine pragmatische Bereichsgrenze zieht: *Bakterien* sind Lebewesen (erhalten sich selbst), während Viren als unbelebt gelten (kein eigener Stoffwechsel, Vermehrung nur in Wirtszelle).

IV.4.4.6.3 Die *Evolution* des Lebens geht definitionsgemäß von Bakterien als kleinstmöglichen Lebewesen aus. Bakterien, die sich seit drei Mrd. Jahren mehr oder weniger unverändert halten, sind die erfolgreichsten Lebewesen. Das Spektrum des Lebens wird im Laufe der Evolution breiter (nicht besser) und verläuft, unterbrochen von Großkatastrophen, die immer wieder bis zu 95% der Arten ausrotteten, in die einzig mögliche Richtung Größenwachstum und höhere Komplexität, mit einer kleinen, hochkomplexen Spitze als zufälliges Nebenprodukt.

IV.4.4.6.4 Während die Biologie Leben von den Ausgangsbedingungen und den kleinsten Einheiten aus bestimmt (Leben als Folge der Evolution von biochemischen Strukturen), geht die *Philosophie* von der Sprache und Sinn aus. Leben als Weltbezug muss immer schon verstanden sein, um seinen Unterschied zu Leblosem mit Kriterien bestimmen zu können. Dann aber zeigt sich: Selbstherstellung, Selbsterhaltung, Autonomie meinen nichts anderes als den Aufbau eines eigenen Weltbezugs, der Tod seinen Zusammenbruch. Die Definition des Lebens ist nicht einfach empirisch, sondern das *Vorverständnis* von Leben und Tod gibt einen Rahmen für Erfahrungen vor (wer an ein Weiterleben nach dem Tod glaubt, kann eventuell Botschaften aus dem Jenseits hören und bestimmt Leben aufgrund dieser „Empirie"). Die Erfahrungen wirken wiederum auf das Verständnis, verändern und bestätigen es, so dass oft unklar bleibt, was Erfahrung, was Rahmen ist (etwa bei der Vorstellung der Evolution als nicht zielgerichtet).

IV.4.4.7 Philosophisch ständig zu berücksichtigen sind *Sozial-* und *Geisteswissenschaften* mit ihren Grundbegriffen Kommunikation und Sinn und die *Psychologie*, der es um Erleben und Verhalten geht.

IV.4.4.7.1 *Traditionelle*, kulturkritische *Gesellschaftsdiagnosen*, die einseitig auf Kapitalismus, bürgerliche Ideologie, Manipulation, Entfremdung, Kränkung (durch Kopernikus, Darwin, Freud), Bürokratie oder auch eine „tiefe Langeweile" abstellen, sind bestenfalls teilplausibel. Oft wird auch von „wir" („wir Menschen") geredet und so die heutige Pluralität unterschlagen.

IV.4.4.7.2 In der Psychologie kann man durch Rückführung auf ein *Unbewusstes* alles im eigenen Sinn erklären. Dem entspricht in der Gesellschaftsdiagnose die Annahme *latenter Funktionen*, der Ideologieverdacht. Allerdings kann man dann auch diese Diagnosen nach ihrer latenten Funktion befragen. Auch hier bleibt nur – umstrittene – Plausibilität.

IV.4.5 Stark an Wissenschaften angelehnt, aber eigenständig ist das *Medizin*system. Es bezieht sich auf den Einzelmenschen, insbesondere seinen *Körper* (Medium), und orientiert sich am Code *krank/gesund*, sekundär auch an heilbar/unheilbar, genetisch bedenklich/unbedenklich. Orientierungspunkt ist dabei (im Gegensatz zu anderen Systemen) der negative Wert Krankheit (die Begrenzungsformel), während sich Gesundheit (der Reflexionswert) nur als Abwesenheit von Krankheit sinnvoll bestimmen lässt.

IV.4.6 *Sozialisation* (ungeplantes Lernen durch Teilnahme an Kommunikation) und (absichtliche) *Erziehung* (die immer auch sozialisiert) haben die Funktion, die *Reproduktion der Gesellschaft* zu sichern.

IV.4.6.1 Die *Erziehung* will erwünschtes Verhalten (Fertigkeiten, Denken, Erleben) hervorbringen, und zwar immer mehr über den ganzen Lebenslauf (die Verhaltensmöglichkeiten als das Medium, dem eine bestimmte Form gegeben werden soll). Von einem Erziehungssystem kann, da Code und eigenständige Kommunikation fehlen, nicht die Rede sein.

IV.4.6.2 *Schule* (mit Hochschule) lässt sich als System abgrenzen, übernimmt sie doch die Funktion der *Selektion* für Rollen mittels *Noten* (Medium) und des Codes *besser/schlechter*, orientiert an (abstrakten) Lernzielen (Begrenzungsformeln) wie *Bildung* oder heute vor allem *Lernen von Lernfähigkeit.*

IV.4.6.2.1 Die Schule gibt durch ihre Organisation (Klassen, Lehrplan) einen Rahmen für *Wissensvermittlung* vor. Sonstige Erziehungsziele sind nicht planmäßig erreichbar, nicht operationalisierbar: Kontrollieren lässt sich nur der Wissensstand.

IV.4.6.2.2 Die Schulerziehung führt zu einer *besonderen Sozialisation* („heimlicher Lehrplan"): Die Schüler lernen, wie man am besten (oder mit einer negativen Karriere) durch die Schule kommt (was nur begrenzt auf das spätere Leben vorbereitet).

IV.4.6.2.3 Pädagogen (und Politik) stehen nicht neutral zum Code, sondern wollen gute Schüler. Das hat *inflationäre Tendenzen* zur Folge: Höhere Bildungsabschlüsse nehmen wie erwünscht zu, entwerten sich aber zugleich.

IV.4.6.3 Wichtigste öffentliche Sozialisationsinstanz sind die (durch Verbreitungstechnologie ermöglichten) *Massenmedien* (da es um Massenproduktion geht, nicht eindeutig über eine eigene Kommunikationsweise abgrenzbar). Von ihnen ist heute jede als Informationsquelle abhängig, hat jede ihr Weltwissen. Ihre Funktion liegt in der *Sicherung einer* gemeinsamen *Hintergrundrealität* und dadurch der *Themensteuerung*. Sie orientieren sich am Code *Information/Nichtinformation*. Informationen (Medium und Begrenzung) werden anhand von Kriterien wie neu, außergewöhnlich, aktuell, emotional (Körperbezug) ausgewählt.

IV.4.6.3.1 Informationen werden nicht einfach übernommen, sondern vom Empfänger in seine *eigene Weltsicht* eingeordnet: Medien, die andere Meinungen vertreten, stehen unter *Manipulationsverdacht*.

IV.4.7 Sinn verweist auch ins Unvertraute und Unbestimmbare. *Religionen* beantworten *existenzielle*, „an sich" unbeantwortbare *Fragen* (Funktion), die das Individuum *beunruhigen* oder ängstigen (Körperbezug). Sprache und der Satz vom Grund legen es nahe, auch bei existenziellen Fragen einen Sinn oder Grund, überhaupt eine *sinnvolle Welt* (Begrenzungsformel) zu unterstellen. Religion orientiert sich am Code *Transzendenz/Immanenz* mit Gott oder einem anderen ersten Prinzip als Letzteinheit, die das „Ganze" repräsentiert oder ist. Gott, Magie, Esoterik bringen das Unvertraute ins Vertraute, bestimmen (scheinbar) das Unbestimmbare und schaffen so Sicherheit und Sinn. Dem Tod wird seine Endgültigkeit genommen, die Angst vor dem Tod zur Angst vor oder zum Vertrauen in Gott umgelenkt. Obwohl alle Religionen Geistiges und „Jenseitiges" als einzig Wahres behaupten, ist der Kult auf das Diesseits ausgerichtet (zielt etwa auf Erlösung von Krankheit, Leiden). Von einem Weltreligionssystem wird man angesichts der Vielfalt und vor allem Kommunikationsverweigerungen untereinander nur bedingt sprechen können.

IV.4.7.1 Gott als zugleich transzendent und immanent (Fichteschema) ist ein *Paradox*, die Stellung der Transzendenz zur Immanenz ein ständiges Problem. Meist bleibt das Paradox verdeckt oder wird durch Glauben „gelöst".

IV.4.7.1.1 Die *„logische" Lösung* mit Göttern, die sich nicht um den Menschen kümmern (Epikur), oder Gott als jenseits von Transzendenz und Immanenz, als Nichts, bietet keine Lösung für existenzielle Probleme, verfehlt die Funktion der Religion.

IV.4.7.1.2 Schreibt man Gott *Attribute* zu, etwa Freiheit, macht sich sogleicht der Gegenwert bemerkbar: Unterliegt Gott seinen eigenen Gesetzen oder ist er ihnen gegenüber frei? Die negative Theologie als Verneinung aller Attribute (oder Zuschreibung aller Gegensätze) endet im Paradox oder bei Gott als Nichts.

IV.4.7.1.3 Am bedrohlichsten wird das Paradox im Verhältnis Gottes zur *Moral*: Gott, der Allmächtige, steht „an sich" über gut/böse – der Sünder kann auf Gnade hoffen, die Gute der Gnade nicht sicher sein – und wird doch zugleich als das absolut (transzendente) Gute und Gerechte in die Unterscheidung hineingezogen, kann das Böse nicht wollen. Meist wird das Paradox einfach verdeckt, die Gläubige mit Verweis auf Gottes Wille zu einem moralisch einwandfreien Leben mit Aussicht auf Belohnung schon im Diesseits, spätestens im Jenseits angehalten (auch das Karma „belohnt" gute Taten). Was gut ist, bestimmt dabei die jeweilige Religion (die Prädestinationslehre rechtfertigte so einen mitleidslosen Kapitalismus).

IV.4.7.1.4 *Theodizeen* versuchen diesseitige Ungerechtigkeiten, überhaupt das Böse einzubeziehen, verweisen auf den unerforschlichen Ratschluss Gottes (was Menschen böse scheint, ist auf höherer Ebene gerechtfertigt), den Einfluss eines zweiten, bösen Gottes oder des Teufels, die Notwendigkeit freier menschlicher Entscheidungen, die bestmögliche Welt – und stoßen doch immer nur in anderer Form auf das Paradox Gott. Quasi logisch, mit dem Satz vom Grund, löst die Wiedergeburtslehre das Problem: Das Karma, eine Ursache-Wirkungskette (mit oder ohne Seele) über mehrere Leben, bestimmt das Schicksal – mit ungelöstem Anfangs- und Endproblem oder dogmatischem Sprung ins Nirvana.

IV.4.7.2 Religionen sind „an sich" *intolerant*. Von ihrer absoluten Wahrheit überzeugt, zeigen sie oft totalitäre Tendenzen. Gewaltverzicht ist oft nur das Ergebnis von Machtverlust (oder den „Ungläubigen" wird wegen ökonomischer, politischer Überlegungen eine eigene, oft eingeschränkte, unsichere Existenz eingeräumt). Andererseits kann jede Religion auch den Gewaltverzicht begründen. Die Toleranz kann aber nie so weit gehen, andere Religionen als gleichwertig zu akzeptieren – bestenfalls werden andere Religionsstifter als einer unter vielen Propheten vereinnahmt.

IV.4.7.2.1 Ein „*Weltethos*" als Gemeinsamkeit der Moralregeln aller Religionen ist nicht religiös begründet, sondern eine säkulare moralische, politisch liberale Angelegenheit.

IV.4.7.3 Ungeachtet ihrer individuell oft großen Bedeutung sind Religionen in säkularen Staaten nebensächlich, für das Funktionieren der Gesellschaft überflüssig, ein Freizeit- und *Feiertagsphänomen*.

IV.5 Technisierung

Die Probleme der Technik, der zunehmenden *Technisierung*, lassen sich nicht einzelnen Funktionssystemen zuweisen, sondern durchziehen die ganze Gesellschaft.

IV.5.1 Technik ist *funktionierende Vereinfachung*, eine gelungene Form der Komplexitätsreduktion. Etwas als Technik zu sehen, heißt es unter der Perspektive des Funktionierens zu sehen.

IV.5.1.1 Auch *Sprache* ist eine Technik. Sie ermöglicht die bewusste Technikentwicklung.

IV.5.1.2 Techniken im engeren Sinn (technische Objekte, Verfahren) sind funktionierende *kausale* Vereinfachungen. Sie isolieren fest verkoppelte Abläufe von der Umwelt und halten sie konstant. Techniken grenzen eingeschlossene von ausgeschlossenen, kontrollierte von nicht kontrollierten Kausalitäten ab, ziehen eine Grenze zur sonstigen Welt. Ihr Code ist heil/kaputt oder *fehlerfrei/fehlerhaft*.

IV.5.2 Mit *zunehmender Technisierung* verschieben sich die Grenzen von (menschgemachter) Technik und (hinzunehmender) Welt in Richtung Technik. Sowohl die gesellschaftliche Evolution als auch die der Welt werden immer mehr von menschlichen Eingriffen bestimmt. Zwar lässt sich dabei kein einzelner Entscheider ausmachen, aber wie bei jedem Handeln werden Alternativen unterstellt. Damit wandeln sich Gefahren – ihnen ist man alternativlos ausgesetzt – zu gesellschaftlich bedingten, auf Entscheidungen beruhenden, politisch zu verantwortenden Risiken. Die Gesellschaft ist heute *Risikogesellschaft*.

IV.5.2.1 Gesellschaftliche Risiken, etwa Entscheidungen für Kernkraftwerke, Gentechnik, aber auch Nicht-Entscheidungen wie fehlende Vorsorge gegen Naturkatastrophen, Epidemien, sind für die *Einzelne* weiterhin *Gefahren*.

IV.5.2.1.1 Risiken und Gefahren werden *unterschiedlich eingeschätzt*: Individuelle Risiken (Autofahren, Drogen, Risikosportarten) werden hingenommen (und unterschätzt), hingegen auf gesellschaftlichen Risiken beruhende Gefahren, insbesondere solche mit Katastrophenpotenzial abgelehnt (oft mit guten Gründen – auch wenn ein Kernkraftwerkunfall statistisch selten vorkommt, kann es doch, ohne dass die Statistik falsch würde, schon morgen sein). Individuelles Gefährdungsgefühl und wissenschaftliche Risikobewertungen fallen auseinander.

IV.5.2.1.2 Ob Gefahren „*real*" zunehmen oder „nur" *Ängste*, lässt sich nicht („objektiv") ausmachen, sondern nur, dass mit zunehmendem Wohlstand Alltagsgefahren abnehmen, mit bestimmten Techniken (Atom-, Gentechnik) das Katastrophenpotenzial zunimmt und die öffentliche Aufmerksamkeit für abstraktere Gefahren wächst. Komplexität kennt zwar Grenzen und unvorhersehbare Ereignisse sind vorhersehbar, aber man weiß nicht, wo und wann.

IV.5.2.1.3 Die Kommunikation von *Angst* führt zur *Moralisierung*: Wer sich um eine Bedrohung sorgt, fordert auch von Anderen Sorge (und unterstellt ihnen ansonsten Verdrängung). Gegen Angst (vor Immigranten, der Klimakrise) kann man nicht argumentieren. Angst ist kompromisslos, politisch radikal.

IV.5.2.2 Abhängig vom Wohlstandsniveau und den technischen Möglichkeiten kann gegen Risiken *vorgesorgt* werden. Je reicher die Gesellschaft, umso höher das Sicherheitsniveau – u.a. die Versicherungsmöglichkeiten

(„Versicherungsgesellschaft") –, umso höher aber auch das Sicherheitsbedürfnis.

IV.5.2.2.1 Für Sicherheit ist die *Politik* zuständig. Sie soll gegen alle möglichen individuellen Gefahren, sozialen Risiken vorsorgen, muss in immer mehr Bereiche eingreifen und droht mit Sicherheitsansprüchen überlastet zu werden (finanziell, Legitimationsverlust).

IV.5.2.2.2 Die *Digitalisierung* führt zu einer immer besseren gesellschaftlichen Kontrolle. Notfalls kann inzwischen auch das gesellschaftliche Leben ins Internet verlagert werden (was etwa die Coronapolitik erlaubte – mit ihren eigenen Risiken).

IV.5.3 Die Technisierung ermöglichte Industrialisierung, Urbanisierung, Bevölkerungszunahme, Massenkonsum, die zu den *ökologischen Problemen* führten: Verknappung von Ressourcen, Umweltverschmutzung und Zerstörung oder Veränderung der Natur (einschließlich des Klimas). Sie werden mit den Unterscheidungen *unschädlich/schädlich* und *sparsam/verschwenderisch* angegangen.

IV.5.3.1 Die ökologischen Probleme stellen sich weltweit, allen politischen Systemen und Ideologien. Sie sind keine Frage des staatlichen Systems, der Verfassung. Es gibt insofern *keine Politische Ökologie*. Alle politischen Lager erkennen die Notwendigkeit *ökologischer Politik* an.

IV.5.3.2 Die *ökologische Situation* wird unterschiedlich eingeschätzt. Es ist unklar, ob es um ein Problem absoluter Naturgrenzen geht, das radikale Eingriffe erfordert, oder „nur" um ein technisches Problem relativer Grenzen, um einen besseren Umgang mit begrenzten Ressourcen und regenerationsfähiger Natur, der die Lebensweise nicht in Frage stellt. Die konkreten Folgen von Überlastungen wie die gegebenenfalls zur Verfügung stehenden Umstellungszeiten sind unbekannt. Sowohl katastrophale als auch verkraftbare Entwicklungen werden in den unterschiedlichsten Szenarien prognostiziert. „Es geht gut, solange es gut geht.“ (Luhmann)

IV.5.3.3 *Formal* sind die Auswirkungen der Gesellschaft, der „Kultur“, auf die Umwelt eine Funktion der Bevölkerungsgröße, des Einkommens- und Konsumniveaus und der Technologie.

IV.5.3.3.1 In den entwickelten Ländern mit abnehmender *Bevölkerung* ist wegen der ungünstigen Altersstruktur immer noch eine Bevölkerungszunahme erwünscht. Zugleich wird angesichts drohender ökologischer Überlastung und unerwünschter Flüchtlingsbewegungen ein Ende des weltweiten (nur schwer beeinflussbaren) Wachstums gefordert (Weltbevölkerung 1960: drei Milliarden, 2023: acht Milliarden). Den ärmeren Ländern steht dann allerdings ebenfalls eine ungünstige Altersstruktur bevor.

IV.5.3.3.2 Ein erreichtes *Einkommens-* und *Konsumniveau* wird verteidigt. Weitgehende Forderungen, etwa nach einer radikalen Änderung der Lebensweise, bedrohen den sozialen Frieden und sind politisch nicht durchsetzbar (zumindest solange keine katastrophalen Ereignisse eintreten).

IV.5.3.4 Die ökologischen Probleme *zirkulieren* durch die ganze Gesellschaft und werden von den Funktionssystemen hin und her geschoben. Die Wissenschaft produziert immer wieder neue (vorläufige) Erkenntnisse, beklagt finanzielle Engpässe und verweist auf die Zuständigkeit der Politik. Die Wirtschaft fordert weltweit gleiche rechtliche Rahmenbedingungen. Die Politik verweist auf soziale und wirtschaftliche Zwänge, gibt konkrete Entscheidungen mit allgemeinen Vorgaben (Gesetzen) an das Recht und systemintern an die Verwaltung ab und verweist an den neusten Stand von Wissenschaft und Technik. Die Probleme werden unter Berücksichtigung der gesellschaftlichen Hauptinteressen klein gearbeitet und zugleich auf „ökologische“ oder moralische Erziehung, auf notwendige Änderungen der Lebensweise und die Verantwortung der Einzelnen verwiesen – wobei die Pädagogik wiederum auf gesellschaftliche Vorgaben und die Politik verweist.

IV.5.3.5 *Nachhaltigkeit*, eine dauerhaft mögliche Entwicklung, ist als allgemein anerkannter, abstrakter Lösungsansatz eine Leerformel, die sich nicht mit allgemeinen Kriterien bestimmen lässt.

IV.5.3.5.1 Wer auf Vorgaben „der“ *Natur* verweist, geht von einer „guten“ Natur (nicht von Unfruchtbarkeit, Wüste, Kälte, Radioaktivität) und einem bestimmten historischen, als natürlich interpretierten Naturzustand aus.

IV.5.3.5.2 Das Kriterium der *Eingriffstiefe* will Techniken, die an physikalischen, chemischen, biologischen Steuerungsmechanismen (Atomen, Molekülen, Genen) ansetzen und lange unvorhersehbare Wirkungsketten haben, vermeiden, erfasst aber weder schleichende Verschmutzungen und Vergiftungen durch massenhaften Einsatz einzeln kaum schädlicher Techniken noch den Material- und Energieverbrauch noch die Toxizität.

IV.5.3.5.3 *Einfache Technik* (Fahrrad statt Auto) taugt nicht als allgemeines Kriterium, kann sie doch auch schädlich sein (vormoderne Herstellungsverfahren), komplexere Technik (Auto mit Kat) mehr Folgen beachten.

IV.5.3.5.4 Techniken können durch Kombination ihrer *Organisationserfordernisse* (zentral/dezentral) mit ihrer Struktur (komplex/linear) bewertet werden. Daraus folgt aber wegen des Katastrophenpotenzials nur die *Ablehnung der Kernkraft*: Ihre Komplexität erforderte dezentrale Organisation, doch aufgrund der engen Kopplung ihrer Elemente muss sie zentral gesteuert werden, was „menschliches Versagen“ wahrscheinlich, „normal“ macht.

IV.5.3.5.5 Innerhalb von *Kriterienkatalogen* wie dem „magischen Dreieck“ der Nachhaltigkeit (wirtschaftliche Stabilität, soziale Entwicklung, ökologische Tragfähigkeit) stehen die Kriterien untereinander und die Kriterien innerhalb der einzelnen Kategorien in Konflikt (so beim „magischen Viereck“ der wirtschaftlichen Stabilität), bleiben zu allgemein und sind wenig praxisrelevant.

IV.5.3.5.6 Nachhaltigkeit ist vor allem ein *politisch-moralisches Schlagwort*: Man gibt sich mit Verweis auf die *Interessen* und das Wohlergehen *zukünftiger Generationen* besonders verantwortungsbewusst. Faktisch kann man aber nur für kurze Zeiträume Verantwortung übernehmen, und im Zweifelsfall haben die (gegenwärtigen und Zukunfts-) Interessen der jetzt Lebenden Vorrang.

IV.6 Moral

Moral, der es (gegen ein ungehemmtes individuelles Glücksstreben) um die (Grund-)*Interessen der* (nahen) *Anderen* geht, regelt mittels Normen (festgelegten Erwartungen) die *Inklusionsweise* in die Gesellschaft (Gesamtgesellschaft und Teilgruppen – ihre, nicht als System ausdifferenzierte Funktion). Der Person werden ihre als *frei* (Begrenzungsformel) angesehenen Handlungen und Entscheidungen zugeschrieben und sie als Ganzes (nicht eine einzelne Rolle) bewertet, ihr mit der moralischen Unterscheidung (Code) *gut/böse* (Charakter) oder *gut/schlecht* (Handlungen) *Achtung/Missachtung* ausgesprochen. Moral durchzieht die ganze Gesellschaft und liegt allen Bereichen zugrunde, sichert die für ein friedliches Zusammenleben elementaren Erwartungen. Allerdings greifen die *Sanktionen* der Moral – Missbilligung, Ermahnung, Achtungsentzug und Kommunikationsabbruch

– vor allem oder nur in *engen Beziehungen* (gesellschaftsweit schützt die wichtigsten Normen das Recht). Die *Moralregeln* (Programme) haben einen *universalen* Anspruch, gelten für alle (Ausnahmen bedürfen der Begründung). Moral setzt voraus, dass *Lebenswichtiges* (das unterschiedlich bestimmt wird) *nicht zu knapp* ist, ansonsten drohen oder gewalttätige Auseinandersetzungen, Kämpfe um Ressourcen.

IV.6.1 Lebensformen beinhalten eine selbstverständliche, unthematische, *intuitiv* vollzogene Moral. Sie wird thematisch, wenn gegen sie verstoßen wird. *Ausdrückliche* Moralregeln verweisen auf die Nicht-Selbstverständlichkeit von Erwartungen oder häufige Verstöße. Moralische *Kommunikation* zeigt das Scheitern von Moral an.

IV.6.1.1 Moralische Urteile sind (zunächst) intuitiv, „Bauchentscheidungen". Moral engagiert bei hoher *Emotionalität*, wenn mit ihr wichtige individuelle Ziele, Werte, die Selbstachtung, das Gewissen, die Anerkennung durch Andere verbunden sind, und Verstöße gegen Moralregeln führen zu bzw. zeigen sich entsprechend in emotionalen Reaktionen, insbesondere Mitleid (Gegensatz: Schadenfreude), Zorn/Empörung, aber auch, ästhetisch-moralisch, Ekel/Abscheu. Bei eigenen, selbst als inakzeptabel bewerteten Verstößen kommt es zu Schuld-, Reue- oder Schamgefühlen.

IV.6.1.1.1 Oft siegen *persönliche Interessen* über „an sich" anerkannte Moralregeln („Willensschwäche"). Je geringer die emotionale Komponente, die nur wenig Freiheitsspielraum lässt, umso größer die Abweichungswahrscheinlichkeit. Bei Verstößen sieht man sich als nicht betroffen, als berechtigte oder hinnehmbare Ausnahme. Eingehalten wird ein moralisches Minimum, und ein eventuell schlechtes Gewissen gleicht man durch Gutes aus (der Betrüger spendet einen Teil der Beute) – eine Art „moralische Bilanz".

IV.6.1.2 *Moralische Betroffenheit* – dass man überhaupt ein Problem als moralisch ansieht – benötigt nicht nur einen *emotionalen* Anstoß, sondern auch seine *Verallgemeinerung*, seinen Einbezug in die Achtungsbedingungen, etwa ein verallgemeinertes Mitleid bei Menschenrechtsverstößen. Das Mitleid wird zur Einstellung. Die Verurteilung erfolgt dann intuitiv, ohne dass das Mitleid jeweils aktualisiert, gefühlt werden muss.

> **IV.6.1.2.1** Ein *kurzzeitiges Gefühl* wie Mitleid kann auf den Einzelfall beschränkt bleiben ohne moralisch – ob es um eine unabhängig vom Einzelfall allgemein zu verurteilende Handlung geht – zu bewerten. Auch *Achtung* ist nicht an sich moralisch (die Achtung des Folterers gegenüber dem standhaften Opfer).

IV.6.1.3 Moralische Kommunikation *überzeugt*, wenn grundsätzlich die *gleichen Regeln* geteilt werden und *emotional verankert* sind. Dann kann die moralische Intuition angesprochen werden, etwa über Geschichten, die beispielhaft (Mitleid im Einzelfall) für das Ganze (Verallgemeinerung) stehen (so erfolgreich etwa der Film „Holocaust").

> **IV.6.1.3.1** Eine *bloße Argumentation* verfehlt den „Sitz" der Moral, die Gefühlsebene, und bleibt wirkungslos. Argumente müssen ein schlechtes Gewissen erzeugen. Nur bei starker emotionaler Betroffenheit werden Begründungen für Handlungen, insbesondere Selbstverständlichkeiten, nötig und Änderungen möglich.

IV.6.1.4 Wird moralisch bewertet, so werden Kompromisse schwierig oder unmöglich, steht doch, wenn man einen empörenden Verstoß hinnimmt, auch die Selbstachtung auf dem Spiel. Moralisierung verhindert Verständigung, erzeugt *Konflikte* oder heizt sie an, kann Gewaltanwendung mit bestem Gewissen zur Folge haben (und wird deshalb durch Recht gezähmt). Moral ist Voraussetzung geregelten Handelns, aber moralische Kommunikation der letzte Schritt vor Abbruch einer Beziehung.

IV.6.2 Die *moderne Gesellschaft* betont die *individuelle Autonomie* und die *Eigenlogik* aller Bereiche, zu der die „vorurteilsfreie“, moralfreie wissenschaftliche Bearbeitung von Problemen gehört.

IV.6.2.1 Die *Funktionssysteme* benötigen – das Recht kann nur einzelne Verstöße sanktionieren – intuitive Moral (einen friedlichen Umgang, Fairness, Reziprozität) als Voraussetzung, um a-moralisch (nicht unmoralisch) kommunizieren zu können. Moralische Forderungen können sie in ihren Programmen berücksichtigen, müssen als allgemeine Vorgaben aber rechtlich verankert werden (Arbeitszeitregelungen, Jugendschutz, Quotenregelungen).

IV.6.2.1.1 Die *A-Moralität* lässt sich selbst *moralisch beurteilen*: Man kann ihre Ungerechtigkeit beklagen oder sie rechtfertigen, etwa utilitaristisch mit dem Nutzen für die Gesellschaft oder den Nachteilen einer „gesinnungsorientierten“ Politik. Sofern sie unerwünschte Folgen hat, bedarf es jedenfalls ausdrücklicher moralischer Rechtfertigung.

IV.6.2.2 In liberalen Staaten streitet man darum, wie weit die *persönliche Autonomie*, abgewogen gegen individuelle und kollektive Schutzinteressen, gehen kann und soll (Selbstbestimmung bei Sexualverhalten, Abtreibung, Drogenkonsum, Suizid, in der Sterbephase). Darüber wird nach den durch die Verfassung geregelten Verfahren entschieden, also (auch wenn sich jede Partei moralisch legitimiert) nicht moralisch, sondern nach politischen Mehrheiten.

IV.6.2.3 Als Reaktion auf Pluralismus, moderne Unsicherheiten, Bedeutungsverlust der Moral findet teils auch eine *Remoralisierung* statt – eine Begründung findet sich immer (Homosexualität als widernatürlich).

IV.6.2.4 Schon immer erhoffte man sich bei allen möglichen Problemen eine *Lösung durch moralisches Verhalten*, und so auch heute (etwa bei den bereichsübergreifenden ökologischen Problemen). Dabei bleibt unklar, wie Appelle oder moralische Sanktionen (Achtungserweis, -entzug) Lösungen bieten sollen. Umsetzung von Moral in gesellschaftliche Programme bedeutet rechtliche Regelungen, Politik, an die denn auch appelliert wird – womit man in den Funktionssystemen landet.

IV.6.3 Heute sind mit den (unterschiedlich interpretierten) *Menschenrechten* (rhetorisch) alle Menschen in die Weltgesellschaft eingeschlossen, werden „an sich" alle geachtet, ihnen gegenüber eine moralische Einstellung (unparteiische, gleiche Berücksichtigung der Grundinteressen) eingenommen (auch Diktaturen leugnen Menschenrechtsverstöße).

IV.6.3.1 Menschenrechte sind eine moderne Errungenschaft. In allen Kulturen findet sich aber eine *Grundmoral* der Gegenseitigkeit („Goldene Regel"): Das *Schädigungsverbot* als unbedingte Pflicht und das *Hilfegebot* als wünschenswert, verdienstlich (nur in Notsituationen verpflichtend).

IV.6.3.2 Die Menschenrechte sollen die *Grundinteressen* (Grundbedürfnisse) *aller Menschen* sichern: leibliche Unversehrtheit (Sicherheit, Gesundheit), materielle Grundversorgung, „relative" Freiheit (Bewegungsfreiheit, „gewisse" Entscheidungsfreiheit). Oberstes Ziel ist die *Leidvermeidung*.

IV.6.3.2.1 Die Grundinteressen sind und waren schon immer *eindeutig* – wurden „nur" nicht bei allen Menschen beachtet (etwa bei Sklaven). Ihre Anerkennung als Menschenrechte ist heute plausibel, da sie *bei allen gleich* sind und sich aus ihnen keine Wertunterschiede, die Menschenrechte sich somit aus der Natur des Menschen ableiten lassen (wenn man – ein Zirkel – die Grundinteressen als entscheidend ansieht). Eine

Beschränkung auf einen bestimmten Personenkreis lässt sich nicht mehr rechtfertigen.

IV.6.3.2.2 Das spezifisch menschliche Grundinteresse der *Selbstbestimmung* wird im Begriff der *Menschenwürde* berücksichtigt. Menschen wollen selbst über ihre eigenen Belange (Interessen) bestimmen, setzen sich bewusst Wünsche, Ziele und bewerten sich auch selbst (Selbstachtung, „Ehre"). Gegen die Menschenwürde verstoßen insbesondere Folter, Sklaverei, Zwangsarbeit, Erniedrigung (etwa auch durch ökonomisch prekäre Verhältnisse).

IV.6.3.2.3 Die *Grundrechte* (von der Rechtsordnung anerkannte Menschenrechte) liberaler Verfassungen schützen: Freiheitsrechte der Einzelnen (Gewissensfreiheit, persönliche Freiheit, Privateigentum, Unverletzlichkeit der Wohnung, Briefgeheimnis), Freiheitsrechte in Verbindung mit Anderen (freie Meinungsäußerung, Rede-, Presse-, Kult-, Versammlungs-, Koalitionsfreiheit), Rechte als Staatsbürger (Gleichheit vor dem Gesetz, Petitionsrecht, gleiches Wahl- und Stimmrecht, gleicher Zugang zu öffentlichen Ämtern), Rechte auf staatliche Leistungen (Fürsorge und Unterstützung, Erziehung, Unterricht und Ausbildung).

IV.6.3.2.4 Je höher der Wohlstand, umso mehr Ansprüche (wie Recht auf Arbeit, Klimaschutz) werden als Menschenrechte deklariert. Damit drohen sie *inflationiert* (keine Rechtsgarantie) und die schlimmsten Verstöße verharmlost zu werden.

IV.6.3.3 Die *Gewichtung* der Menschenrechte – mehr individuell, mehr gruppenbezogen – unterscheidet sich je nach Staat und kulturell. *Universale* Werte wie Gleichheit, Fairness, Freiheit und *gruppenbezogene* wie Autorität, Loyalität, „Reinheit" (Ordnung) wirken in je unterschiedlicher Ausprägung zusammen oder stehen gegeneinander (was der Einen ein fairer Whistleblower ist der Anderen ein illoyaler Verräter). Auch wenn im Laufe der Geschichte die Moral universaler wurde, wirken gruppenbezogene Werte fort oder werden als Gegentendenz stärker.

IV.6.3.4 Die Einhaltung der Menschenrechte setzt einen gewissen *Wohlstand*, zumindest die Deckung der wichtigsten Grundbedürfnisse, voraus, benötigt heute eine soziale *Grundsicherung* und sozial ausgewogene Wirtschaft, die soziale Konflikte entschärft (an deren Fehlen u. a. die Weimarer Republik scheiterte). Hinzukommen muss als weitere notwendige Bedingung der Schutz durch staatliche *Institutionen* (gerade auch gegen den Staat). Der Status von Flüchtlingen ist auch dann prekär (selbst bei „an sich" guter Menschenrechtslage, wie etwa die europäische Migrationspolitik zeigt).

IV.6.3.5 Systematische *Verstöße* gegen Menschenrechte erfolgen meist nicht aus persönlicher Veranlagung, sondern sind *situativ bedingt*, sei es aufgrund autoritärer Macht oder institutioneller Gegebenheiten (wie neben vielen historischen Beispielen auch psychologische Experimente – Milgram, Stanford-Prison – zeigen). In „totalen" Institutionen (Gefängnissen, Psychiatrie) liegt Machtmissbrauch nahe, im Krieg ist er kaum zu verhindern. Gehen die Verstöße von Institutionen aus, werden sich immer Leute finden, die ihre Verfahren umsetzen.

IV.6.3.5.1 Im Kampf gegen *Terrorismus*, der absichtlich gegen Menschenrechte verstößt, lassen sich nur schwer Menschenrechtsstandards einhalten, ebenso bei Partisanenkämpfen. In *Kriegen* sind Kriegsverbrechen wahrscheinlich (sie werden von jeder Seite beklagt), zivile Opfer unvermeidlich.

IV.6.3.5.2 Die *Todesstrafe* gilt in vielen Staaten als gerechtfertigt, bei der *Folter* wird auf ihre Zweckmäßigkeit in bestimmten Fällen verwiesen – und damit gegen den Sinn der Menschenrechte verstoßen, die

Ausnahmen (für die sich immer eine Begründung findet) zumindest in Friedenszeiten gerade verhindern wollen.

IV.6.4 Die faktisch *ungleiche Behandlung von Menschen* hat vielfache Gründe (wirtschaftliche, politische, kulturelle). Der Kapitalismus belohnt individuelle Talent-, Leistungsunterschiede. In liberalen Staaten gelten andere Diskriminierungen als nicht menschenrechtskonform.

IV.6.4.1 Traditionell werden ausgleichende (Tausch, bei Schädigung) und austeilende (Verteilung) Gerechtigkeit unterschieden. Während beim Ausgleich Gleichheit unbestritten ist, wird eine *ungleiche Verteilung* (statt mit Geburt) heute vor allem mit *Leistung* beruhend auf Chancengleichheit gerechtfertigt – abgemildert durch eine soziale Mindestabsicherung nach Bedürftigkeit (die egalitär gerecht, prinzipiell für alle gleich sein sollte). Kritisiert werden dann vor allem die ungleichen Chancen durch ungleiche Startbedingungen, und die Politik versucht hier vor allem durch „Bildungsgerechtigkeit" gegenzusteuern.

IV.6.4.1.1 *Chancengleichheit* bedeutet nicht Angleichung, sondern, bei formal gleichen Startbedingungen, Konkurrenz und Leistungsbewertung mit Gewinnern und Verlierern (die sich ihren Erfolg oder Misserfolg selbst zuschreiben dürfen oder müssen). Qualifizierte und besondere Talente erfordernde Arbeit wird besser bezahlt als unqualifizierte, Talent belohnt, als ob es eine Leistung wäre. Unterschätzt werden dabei die „natürliche Lotterie der Gene", Herkunft (soziale Stellung, Reichtum, oft aus Erbschaft), Erziehung, Zufall. Chancengleichheit lässt sich immer nur in Einzelbereichen herstellen, in denen man ungleich startet. Damit wird auch die Rechtfertigung von Ungleichheit mit Leistung fraglich – in der Theorie, denn in der Gesellschaft gilt Chancengleichheit als selbstverständlicher (unhinterfragter) Wert, die erreichte Position und Leistung als eigener Verdienst – auch wenn in Teilen der Medien und Politik regelmäßig die herrschende oder wachsende Ungleichheit beklagt wird.

IV.6.4.2 *Diskriminierungen* aufgrund von Geschlecht, Nationalität, Ethnizität, Hautfarbe, Religion, sexueller Orientierung gelten in liberalen Staaten als ungerechtfertigt, moralisch geboten die Gleichbehandlung, wobei die politische (rechtliche) Umsetzung umstritten ist – was sind noch hinzunehmende, achtenswerte Meinungen, wo beginnt Rassismus?

IV.6.4.2.1 *Gleichstellungspolitik* will Diskriminierungen bekämpfen. Dazu muss sie das Kriterium, das keine Rolle spielen soll, als faktisch gegeben anerkennen – mit der Tendenz, durch umgekehrte Diskriminierung (bis hin zum Fundamentalismus) seine Bedeutung fortzuschreiben.

IV.6.4.2.2 *Identitätspolitik* betont die eigen Gruppenidentität und strebt nach ihrer Anerkennung. „Links-progressiv" gilt teils jede Identitätspolitik als Ablenkung von den wahren Problemen der Gesellschaft, teils soll der „strategische Essentialismus" nur als von der Mehrheitsgesellschaft erzwungener Ausgangspunkt dienen und eine nicht hierarchische Gleichstellung und Anerkennung aller Partikularitäten anzielen, doch tendiert auch er durch Übernahme der stigmatisierenden Zuschreibung zu ihrer Verfestigung und zur Gegendiskrimination. „Rechts-nationalistisch" gelten Diskriminierungen hingegen als gerechtfertigt und ist ihr Erhalt oder ihre Ausweitung das Ziel, Gleichstellungpolitik ein Feindbild.

IV.6.4.3 Die Zuweisung des *Geschlechts* aufgrund biologischer Merkmale findet sich in allen Kulturen als erste Einordnung einer Neugeborenen. Sie ist in den allermeisten Fällen eindeutig, die Eigenschaft, Frau oder Mann zu sein, wenig variabel. Historisch war die Unterscheidung zentral und diskriminierend und ist es in vielen Kulturen auch heute noch.

IV.6.4.3.1 Bestimmt man den Menschen als Sprachwesen, unterscheiden sich Frauen nicht von Männern. Ihre Möglichkeiten und Krankheiten unterscheiden sich teils *biologisch*: Insbesondere haben Frauen eine Möglichkeit mehr mit der Gebärfähigkeit. Eine ungleiche Behandlung lässt sich heute nur aufgrund solcher Unterschiede rechtfertigen.

IV.6.4.3.2 Die Unterscheidung von Frau und Mann hat in liberalen und säkularen Staaten ihre *traditionelle Orientierungsfunktion* – Frauen zuständig für Gefühle, Männer für den Verstand mit entsprechendem Verhalten (passiv/aktiv) und entsprechenden Rollen (Familie, Beruf) – weitgehend verloren, auch wenn traditionelle Rollenzuweisungen fortwirken (etwa eine Fürsorgeethik als frauentypisch angesehen wird) und Gleichstellungspolitik als notwendig gilt. Die Wahrnehmung von jemandem als Frau oder Mann bestimmt „an sich" nur noch die Wahl des Intimpartners und dient als Hinweis (etwa auch für Arbeitgeber) auf die Gebärfähigkeit.

IV.6.5 Die Grundinteressen an Schmerz- und Todvermeidung, die die Menschenrechte schützen, hat auch das Tier. Die *ungleiche Behandlung von Tieren*, ihre weitgehende moralische Nichtberücksichtigung, die es erlaubt, ihnen Schmerz zuzufügen und sie zu töten, lässt sich heute nicht mehr rechtfertigen.

IV.6.5.1 Die *Sprache*, durch die sich der Mensch vom Tier unterscheidet, begründet keinen moralischen Unterschied (zumal Eigenschaften, die nur Menschen zukommen, nie allen Menschen zukommen) bzw. nur da, wo sie für Schmerz- und Todesbewusstsein eine Rolle spielt.

IV.6.5.1.1 Da Tiere kein (oder nur ein rudimentäres) Todesbewusstsein haben, ist ihre *Tötung* moralisch unbedenklicher als ihr Leiden – weshalb sie zu Recht bei Leiden eingeschläfert werden. Prinzipiell wollen sie jedoch leben und wehren sich gegen den Tod, und diesem Grundinteresse steht meist kein gleichrangiges Interesse (wie Notwehr) gegenüber. Zu beachten wäre auch, dass sie teils Trauersymptome beim Tod nahestehender Tiere (oder auch Menschen) zeigen, also zumindest ihr Fehlen registrieren.

IV.6.5.2 Tiere können im Gegensatz zu diskriminierten Menschen nicht gleichberechtigt in die Gesellschaft integriert werden und nicht für ihre Interessen kämpfen. Die moralische Verpflichtung ist *einseitig*. Das Tier-Mensch-Verhältnis ist nicht politisch, und es geht hier nicht um die Funktion der Moral, Personen in die Kommunikation einzubeziehen. Auch deshalb werden Tier-Mensch-Verhältnisse von der Mehrheit der Bevölkerung nicht als Moralproblem, nicht als rechtfertigungsbedürftig, angesehen.

IV.6.5.3 Der moralisch wichtigste, jede betreffende Bereich des Tier-Mensch-Verhältnisses ist heute die *Ernährung*, moralisch geboten *Veganismus*.

IV.6.5.3.1 Das Fressen- und Gefressenwerden in der *Natur* ist a-moralisch, kann nicht als moralische Rechtfertigung dienen (natürlich würde im Übrigen heißen, Tiere mit bloßen Händen oder Zähnen zu töten und roh zu verspeisen; auch hält sich kein Säugetier Zuchtvieh). „Natürliche" menschliche Gewohnheiten, *Traditionen*, sind hingegen begründungspflichtig.

IV.6.5.3.2 Fleisch und sonstige tierische Produkte sind unter heutigen Bedingungen für die Ernährung *nicht notwendig* (vegetarische Ernährung gilt gesundheitlich als günstig, vegane, wenn auf einige Zusatzstoffe wie B12 geachtet wird). Ihr Konsum ist kein Grundinteresse, sondern Tradition. Der Verstoß gegen die Tierinteressen an Leidvermeidung (zumindest die Intensivhaltung – heute bei über 90% der Tiere – ist mit Schmerzen verbunden) und am Überleben (zumal auch ein schmerzloses Schlachten fraglich ist – bei ca. 10% der Tiere versagt die Betäubung) lässt sich für Ernährungszwecke *nicht rechtfertigen*.

IV.6.5.3.3 Der Veganismus als soziale Bewegung hat starke Traditionen gegen sich und deshalb ein strukturelles *Strategiedefizit*: Da Moral stark über Emotionen (Mitleid, Empörung) wirkt, bleibt die bloße Argumentation mit Grundinteressen weitgehend wirkungslos, während eine moralische Empörung mit Achtungsentzug gegenüber der Fleischkonsumentin emotionale Gegenwehr, ein emotionales Festhalten an der gewohnten oder durch Wohlstand jetzt möglichen Lebensweise und ihren Gewissheiten, auslöst (weltweit nimmt der Fleischkonsum zu, der sich bisher immer erst auf hohem Niveau stabilisierte).

IV.6.5.3.4 Ein politisch-rechtliches Verbot tierischer Lebensmittel ist nicht durchsetzbar. Tierschutzgesetze, nach denen Tieren nicht grundlos Leiden zugefügt werden soll, stehen im Gegensatz zum rechtlich vorrangig geschützten Alltagshandeln. Nur *technische* Lösungen wie geschmacklich und ernährungsphysiologisch gleichwertiger und billiger Fleischersatz (etwa In-Vitro-Fleisch) könnten dieses Moralproblem lösen (wie sich Pferdehaltung wegen der Transportalternativen nicht mehr lohnte).

IV.6.5.4 Bei *Tierversuchen* wird potenziell menschliche Leidensverminderung gegen tierisches Leid aufgerechnet. Sie gelten teils als notwendig für die Forschung, teils wird ihre Übertragbarkeit auf den Menschen bestritten, teils bei der Entwicklung von Medikamenten, die den

Tod abwenden, als gerechtfertigt angesehen. Da Tiere die Versuche weder verstehen noch ihnen zustimmen können, sind freiwillige Humanexperimente moralisch geboten (aber nicht durchsetzbar). *Sonstige Tier-Mensch-Verhältnisse* sind leidensfrei zu gestalten, auf Fischen, Jagd (zumindest als Sport), Zoos zu verzichten.

IV.7 Ästhetik

Ästhetik durchzieht wie Moral die ganze Gesellschaft und alle Lebensformen. Lebensformen (individuelle, gruppenspezifische, kulturelle) nehmen ihr Verhältnis zur Welt (einschließlich den Anderen und sich selbst) mit den ästhetischen Unterscheidungen *gelungen/misslungen*, stimmig/unstimmig, passend/nicht passend wahr (traditionell eingeschränkter: schön/hässlich). Ästhetik kann sich auf alles Mögliche beziehen, kennt *keine Begrenzung*. Wie bei Moral gibt es eine unmittelbare *intuitive*, emotional verankerte und eine *ausdrückliche* Ästhetik, und ästhetische Urteile haben wie Moral einen *universalen* Anspruch. Da es bei ihnen aber nicht um die Interessen der Anderen, sondern um individuelle Bewertungen und Wahrnehmungen geht, finden sich in der pluralen Gesellschaft eine Vielfalt ästhetischer Meinungen. Gleiche Bewertungen, gleiche Wahrnehmungen zeigen gleiche Interessen, eine gleiche Stellung zur Welt an: Ästhetik schließt *Gleichgesinnte* zusammen – ihre (wie bei Moral nicht ausdifferenzierte) gesellschaftliche Funktion.

IV.7.1 *Ästhetik und Moral* gehen oft ineinander über oder vertauschen ihre Stellung. Liberale, westlich orientierte Länder überlassen viele früher moralisch bewertete Sachverhalte dem individuellen Geschmack, ersetzen Moral durch Ästhetik. Weiterhin wird aber (offen oder verdeckt) Menschen mit anderem Geschmack (wegen Ekels, Abscheu) auch die Achtung entzogen, leben traditionelle Moralvorstellungen fort oder kommt es zu Remoralisierungen.

IV.7.1.1 Da *Moral* letztlich keine Begründungsangelegenheit ist, sondern von der Lebensform abhängt, kann sie als *ästhetisch fundiert* angesehen werden: Menschenrechtsverletzungen „passen" so nicht zum Menschsein, sind „geschmacklos" (wer das nicht sieht, lässt sich nicht mit Begründungen überzeugen, sondern nur bekämpfen).

IV.7.2 Innerhalb der modernen Lebensform wird notwendige Arbeit von selbstgewählten Freizeitaktivitäten, *Unterhaltung* (einschließlich Kunst), unterschieden. Arbeit gilt als Sachzwang, ist zwar nicht unabhängig von ästhetischer Bewertung (Selbstverwirklichung in „passender" Arbeit), aber sie muss oft zurückstehen. Unterhaltung wird hingegen „an sich" nach ästhetischen Kriterien ausgewählt, gute, gelungene Unterhaltung gesucht. Ihre Bedeutung wächst mit Wohlstand und zunehmender Freizeit, aber auch mit Arbeitslosigkeit.

IV.7.2.1 Unterhaltung ist *kein Funktionssystem*, kennt keine eigenständige Kommunikation. Viele Unterhaltungsorganisationen (Massenmedien, professioneller Sport, Tourismus, Freizeitparks) sind vorrangig Wirtschaftsorganisationen. Auch wird die ästhetische Orientierung bei Wettkampfsport leicht vom Code Gewinnen/Verlieren überlagert und auch bei anderer Unterhaltung oft vergessen, dass es „an sich" um „Spaß" geht.

IV.7.2.2 *Kunst* bietet eine komplexe, mit Anstrengung verbundene, *elitäre Art der Unterhaltung* (in Eigeninterpretation einen „höheren" Sinn). Sie grenzt sich von anderer Unterhaltung durch ihre *Institutionen* – Museen, Aufführungen, Publikationen – ab. Kunst ist das, was die Kunstinstitutionen als Kunst anerkennen. Bis ins 20. Jahrhundert orientierte sie sich am traditionellen ästhetischen Code schön/hässlich und gab der Gesellschaft Kriterien für Schönheit vor. Ihre ästhetische Vorbildfunktion ist jedoch mit der Codeausweitung verlorengegangen: Heute testet sie in neuen Werken das Mögliche auf *gelungene*, stimmige Formenkombinationen (also nicht mehr auf Schönheit) und *Grenzen der Verständlichkeit* (das Gemeinte kann man oft nicht mehr wahrnehmen, sondern nur noch durch die mitgelieferten Erläuterungen wissen). Zeitgenössische Kunst wird von großen Gruppen der Gesellschaft abgelehnt oder ignoriert.

IV.7.2.2.1 *Literatur* muss sich an den Spracheigenheiten orientieren, erfindet in wenig veränderlichen Formen Geschichten. *Dichtung* hat höhere Freiheitsgrade, die auf Kosten der Verständlichkeit und Publikumswirksamkeit gehen.

IV.7.2.2.2 *Malerei* und *Skulptur* sind eigenständige Zeichen- oder Verweisungssysteme, zeigen visuelle Verweisungszusammenhänge mit oder ohne Bedeutung. *Architektur* und Kunstgewerbe sind nur teilautonom, mehr oder weniger stark am Gebrauch orientiert.

IV.7.2.2.3 *Musik* ist ein auditiver Verweisungszusammenhang, „an sich" ohne Bedeutung (seine Gleichsetzung mit sprachlichen Zeichen führt in die Irre). Musik verstehen bedeutet, Musik (in Gedanken oder als bloßes gegenwartsbezogenes Erlebnis) mit- oder nachzuvollziehen (was auch Wale und in kurzen Sequenzen Vögel können). Je nach Komplexität (dem Verhältnis von Melodie, Harmonie, Rhythmus, Klangfarben) und Traditionen spricht sie unterschiedliche Gruppen an. Text zwingt ihr eine externe Bedeutung auf. Neben ihrer Zeitlichkeit tritt der *Stimmungs*aspekt besonders hervor, und zwar so stark, dass bestimmte Musik konventionell mit Stimmungen verbunden ist (Trauer-, Marschmusik) – eine Art Bedeutungsersatz. Wie Musik gehört wird und emotional wirkt, hängt jedoch stark von der individuellen Situation und Stimmung ab.

IV.7.2.2.4 Der Mensch lebt in Geschichten und lässt sich gerne Geschichten erzählen. Mit Musik erzählte Geschichten geben zu der sprachlichen Bedeutung eine musikalische, auf die Stimmung zielende Auslegung. Meist hat bei *vokaler Musik* aber die Musik, die stärker auffällt und wirkt, den Vorrang. Oft ist der Text nur Vorwand, und die Geschichten sind, was sich etwa bei Opern zeigt, schneller überholt (würden allein oft auch nicht überleben).

IV.7.2.2.5 *Film, Theater* sind Mischformen, bei denen die sprachliche Bedeutung, eine Geschichte, (meist) die visuellen und auditiven Verweisungszusammenhänge bestimmt, beim *Tanz* geht es um stimmige Bewegungsformen, die visuelle Verweisung (für die Erzählungen meist nebensächlich sind).

IV.7.2.2.6 Dekorations-, aber auch besonders gestaltete Alltagsobjekte werden ästhetisch bewertet. Sie und auch Unterhaltung gelten als *Kitsch*, wenn sie ein „naives", populäres Verständnis von Schönheit widerspiegeln und das unangenehm auffällt. Kitsch ist ein misslungener Versuch, schön zu sein oder die Welt zu verschönern – eine subjektive Bewertung. Elitäre *Kulturkritik* überzeugte schon immer nur wenige (für Wagneranhänger war Verdi Kitsch). Sie findet in einer wohlhabenden Massengesellschaft zwangsläufig überall trivialen, banalen, sentimentalen Kitsch, aber ihre Kriterien, wenn sie sie überhaupt benennen kann, sind in einer demokratischen Gesellschaft ästhetisch nicht maßgebend. Kulturkritik überzeugt wie andere ästhetische Bewertungen Gleichgesinnte, überzeugt *privat*.

V Individuum

Individualität vollzieht sich als Einheit von Fühlen und Verstehen (Erleben, Wahrnehmen), als *fühlend verstehender Weltbezug* (einschließlich des Bezugs zu Anderen), als In-der-Welt-sein. Das menschliche Individuum *sorgt* und ängstigt sich als *geworfener Entwurf* um seine Zukunft und versteht sich als nicht nur sich verhaltendes, sondern *handlungsfähiges Selbst* oder Ich im Unterschied zur sonstigen Welt (Nicht-Ich). Aufgrund der Individualisierung muss es sich heute eine eigene, ichbezogene Identität aufbauen. Sie benötigt Vertrauen, das überhaupt ein normales Verhalten ermöglicht. Die jeweilige individuelle Situation (etwa auch Krankheiten) zeigen Gefühle mittels Gefühlsausdruck an. Gefühle werden im Körper wahrgenommen und vom Bewusstsein (wissenschaftlich hingegen Gehirn und Bewusstsein) unterschieden.

V.1 Sorge und Angst

Durch das Wissen um die *Zeitlichkeit*, die irreversible Zeitrichtung, ist das Individuum als *geworfener Entwurf*, in die Welt geworfenes Seinkönnen. In Übernahme seiner Vergangenheit (Geworfenheit) entwirft es sich, um seine Bedürfnisse und sein Glück *besorgt* oder sich *ängstigend*, auf die Zukunft, zukünftige Möglichkeiten hin. Es ist sich immer schon vorweg, über die Gegenwart hinaus, vorgreifend in der Zukunft: Immer steht noch etwas aus. Das Individuum ist *ständig unabgeschlossen*, als unvollendetes „ganz". Faktisch ist die Zukunft, das Eintretende, primär, besteht ein ständiger Zwang zur *zukünftigen Übernahme seiner Vergangenheit*. Von den gegenwärtigen, realistischen oder unrealistischen Zukunftsaussichten her wird die Vergangenheit immer wieder neu interpretiert, wobei die Vergangenheit den Möglichkeitsspielraum stark beschränkt – ein zirkuläres Verhältnis. Man findet sich „in Geschichten verstrickt" vor, die nur wenige Fortsetzungen zulassen und die Möglichkeiten auch so einschränken können, dass der Zukunftsentwurf keine neue oder keine Zukunft mehr sieht.

V.1.1 Die „Sorge" ist der durch Vertrauen ermöglichte alltägliche, normale Ausdruck der (Grund-)*Angst* angesichts der eigenen Verletzlichkeit und Bedürftigkeit. Sorge kann immer in Angst umschlagen, überhaupt jeder Bezug, jede Herausforderung ängstigen, wenn man ihnen nicht gewachsen ist, wenn man eine (reale oder imaginäre) *Bedrohung* erfährt, die Wahrnehmung und Erleben zwanghaft auf die Gegenwart, die Bedrohung einengt – was manchmal lebensnotwendig sein kann.

V.1.1.1 Angst als schmerzhafte Erfahrung wird so schnell wie möglich aufzulösen versucht: durch aktive *Abwehr* (Kampf oder Flucht) oder Erstarren (wenn sie lähmt). Wenn sich die Bedrohung nicht ausschalten lässt oder die Angst andauert, versucht man, begünstigt auch durch die Gleichsetzung mit Feigheit, zu *verdrängen*, rationalisieren, wird aggressiv, hofft oder nimmt seinen Mut zusammen. Angst löst sich auf, wenn man die Situation beherrscht, sich wieder sicher fühlt, wieder *vertraut*.

V.1.1.1.1 Die individuelle Angst ist stark von der *Selbsteinschätzung* (negativ: dem Minderwertigkeitsgefühl) bestimmt und sie von der sozialen Stellung (Wissen, Macht, Vorsorgemöglichkeiten) und vom sozialen Umfeld (das angstansteckend wirken kann).

V.1.1.2 *Sachlich* kann alles Mögliche ängstigen (oder faszinieren), wie der Extremfall der Angststörung zeigt (die ein normales Leben verunmöglicht). Eine Einteilungsmöglichkeit bietet die Unterscheidung konkreter (direkte Bedrohung der Unversehrtheit) und existenzieller, oft diffuser oder auch unbestimmter Angst (vor Freiheit, Krankheit, Unfällen, Tod, Trennung, Versagen).

V.1.1.2.1 *Objektive* Gefahren (in der Dunkelheit drohen eher Verbrechen) werden oft durch kollektive

Phantasieängste (vor Dämonen, Vampiren) *angereichert*, Angst vor unbeeinflussbaren Gefahren auf andere Ängste und Sündenböcke *verschoben*: etwa Angst vor Hunger, Pest, Krieg oder in neuerer Zeit vor sozialem Abstieg auf die Angst vor äußeren und inneren Feinden (Hexen, Fremde, Juden, die man direkt bekämpfen konnte). Die Gläubige kann alle Ängste auf Gott übertragen und durch Gebet, Buße, Wohlverhalten angehen.

V.1.1.2.2 Mit zunehmendem *Wohlstand*, öffentlicher Sicherheit nehmen vitale, die Grundbedürfnisse betreffende Ängste ab (die bei, heute meist abgeschwächten Krisen – Corona – wiederkehren können). Dafür ängstigt man sich in der „Risikogesellschaft" um das erreichte Wohlstands- und Sicherheitsniveau und vor prognostizierten Katastrophen (Klima).

V.1.1.3 *Zeitlich* ängstigt der bevorstehende Tod und die ständige Unabgeschlossenheit, die unbestimmte Zukunft, die *Freiheit* mit ihren Möglichkeiten. Sie kann aber auch als das Neue reizen. Überwiegt der Reiz des Neuen, strebt man nach Wandel und ängstigt sich vor Festlegungen, überwiegt die Angst vor dem Unbestimmten, strebt man nach Dauer und ängstigt sich vor Wandel.

V.1.1.3.1 Besonders ängstigt der *Tod*. Diese äußerste oder tiefste Angst gilt oft als Grundlage aller Ängste. Sie sollen sich „in letzter Instanz" auf Todesangst als ihren Ursprung zurückführen lassen. Eine solche Rückführung ist zwar immer möglich, aber wenig plausibel: Angst vor Prüfungen ist Angst vor Scheitern, hat aber nichts mit Todesangst zu tun. Da sich auch Tiere ängstigen, kann die Todesangst, die erst mit Sprache möglich wird, vielleicht für den Menschen als „ontologisch" primär, als wichtigste Angst, aber nicht als Grundlage aller Ängste behauptet werden.

V.1.1.4 *Sozial* ängstigt man sich vor Ich-Verlust, vor Abhängigkeiten und strebt nach Autonomie, Unabhängigkeit oder ängstigt sich vor Einsamkeit, Isolierung und strebt nach Zugehörigkeit.

V.1.1.4.1 *Politisch* ist Angst (vor Gewalt oder Ausschluss) ein wesentliches Herrschaftsmittel, führt zu Gehorsam. Heute kann aber auch die Äußerung von Angst politisch genutzt werden.

V.1.1.5 Unbekanntes, Bedrohliches oder der Tod können, obwohl sie Angst auslösen, auch anziehen, verlocken (*Angstlust*) – meist in riskanten Sportarten, in Unterhaltung, Kunst („Erhabenes"), der Tod aber auch die Suizidäre.

V.2 Verhalten und Handeln

Verhalten, eine Episode, ist kontingent, auch anders möglich oder zumindest denkbar und wird durch Zurechnung erklärt. Verhalten erscheint alternativlos, als situationsbestimmtes *„bloßes" Verhalten*, wenn man sich oder Andere als bloß *erlebend* (oder wahrnehmend) *erlebt* (wahrnimmt). Oder ein Verhalten wird als Entscheidung zwischen Möglichkeiten, als *Handeln*, erlebt oder wahrgenommen (Verhalten/Erleben/Wahrnehmen im weiten Sinn meint dann jedes fühlende Verstehen, der enge Begriff nur den Unterschied zum Handeln – Fichteschema).

V.2.1 *Handeln* wird auf ein sich entscheidendes Individuum, einen *Urheber*, der Gründe hat, zurückgeführt. Der Urheber gilt als Anfang der Handlung, und ihm werden Motive, Interessen, Zwecke und eine Zweck-Mittel-*Intentionalität* unterstellt – eine Vereinfachung, liegen Motive, Interessen, Zwecke doch nicht unveränderlich fest: Sie können sich von den Mitteln (den Möglichkeiten) her ergeben oder während des Handelns, und sie ändern sich im Handeln. Da eine Handlung logisch ihr Ergebnis voraussetzt (kommt das Ergebnis nicht zustande, fand die beabsichtigte Handlung nicht statt), wird sie oft aus dem Ergebnis herausgelesen, *nachträglich* ein Verhalten als absichtlich, motiviert, als Handlung interpretiert. Von den Motiven her sind Handlungen deshalb nur begrenzt voraussagbar.

V.2.1.1 Bei jeder Kommunikation stehen *Erwartungen* im Raum, ist wegen der Möglichkeit der Erwartungsenttäuschung per definitionem jedes anschließende Verhalten ein *Handeln*, doch wird auch hier, je nach Zwangscharakter der Erwartung, erzwungenes Verhalten und freiwilliges Handeln unterschieden.

V.2.1.2 Vorausgesetzt wird neben Handlungsfreiheit (kein äußerer Zwang) *Willensfreiheit*, eine autonome Entscheidung. Der Wille will allerdings nicht im luftleeren Raum, sondern ist immer schon *geprägt* von Erbe, sozialer Umwelt, Normen, die Überzeugungen, Wünsche vorgeben, die der Wille will – ohne Vorgaben („Geworfenheit") gäbe es nichts zu entscheiden („entwerfen"). Freiheit spielt sich zwischen Zwang und Zufall ab. Autonom, selbstbestimmt, gelten deshalb Handlungen und Entscheidungen, die auf eine *„normale"* Person und „normale" Motive zurückgeführt werden können. Unfrei gilt der Wille bei einem Verhalten, das als zwanghaft, nicht eigenmotiviert, von psychisch wirksamen Faktoren (Abhängigkeiten, Krankheiten) verursacht erscheint.

V.2.1.3 Handlungen werden durch *Versprechen*, Verträge erwartbar.

V.2.1.4 Handlungen, die gegen Versprechen oder berechtigte Erwartungen verstoßen und zu Konflikten führen, können, da sie sich nicht ungeschehen machen lassen, eventuell durch *Entschuldigungen* (Ausgleichshandlungen aller Art) und *Verzeihung* „neutralisiert" werden.

V.2.2 Die *Zurechnung*, ob man (durch die Situation) fremdbestimmt ist (nur erlebt oder wahrnimmt) oder handelt, ist nicht sachlich vorgegeben, sondern unterschiedlich möglich.

Bewusstes Handeln ist eher selten, doch *sozial* werden unabhängig von individuell bewussten Motiven oft Absichten mit entsprechender Verantwortung unterstellt, so dass soziale Zuschreibung und Eigeninterpretation auseinanderfallen. Unterschiedliche Zuschreibungen führen zu Missverständnissen oder Konflikten.

V.2.2.1 Bei *Anderen* scheint Handeln/Verhalten vor allem auf die *Person* zugeschrieben und scheinen situative Faktoren gering eingeschätzt zu werden („fundamentaler Attributionsfehler" oder, vorsichtiger, „Korrespondenzverzerrung" – zunächst erfolgt die Zuschreibung auf die Person, die eventuell später durch die aufwändigere Zuschreibung auf die Situation korrigiert wird). Bei sich *selbst* schreibt man stärker auf die *Situation* zu.

V.2.2.1.1 Die Zuschreibung ist stark *beziehungsabhängig*: In Konfliktbeziehungen werden negative Verhaltensweisen (etwa Zuspätkommen) auf die Person, auf Absicht, zugeschrieben, in positiven Beziehungen auf die Situation.

V.2.2.1.2 Typisch sind *selbstwertdienliche Verzerrungen*: Eigene Misserfolge gelten als situationsbedingt, Erfolge als Eigenleistung (die Depressive sieht das gerade umgekehrt).

V.3 Identität

Das Selbstverständnis als Ich, die *Identität*, beruht auf (Eigen- und Fremd-) *Erwartungen* an das Verhalten. Die Identität reduziert den Erlebens- und Verhaltensspielraum, macht ein bestimmtes Erleben und Verhalten erwartbar, wahrscheinlich.

V.3.1 Die Identität, ein Ich, ist nicht vorgegeben, sondern bildet sich im Laufe der *Sozialisation*, in der Auseinandersetzung mit den (wichtigen) Anderen. Deren Erwartungen, insbesondere eine (intuitive) *Grundmoral*, aber auch Ressentiments prägen die Identität.

V.3.1.1 Die Grundmoral gibt Grundregeln des Personseins wie Fairness, gegenseitige Achtung, Anerkennung vor. Der *Person* werden ihr Charakter, ihre Eigenheiten, ihre Handlungen zugerechnet, die sich, um als Person, als geachteter Teilnehmer der Kommunikation, zu gelten, innerhalb des vorgegebenen Rahmens halten müssen.

V.3.1.2 Die Grundmoral wird im *Gewissen* internalisiert. Das Individuum kontrolliert so selbst die Grenzen seiner Persönlichkeit, sein Verhalten, schränkt die eigene Interessenverfolgung durch moralische Rücksichten ein. Die individuellen Besonderheiten (I) müssen mit den übernommenen sozialen Vorgaben (Me) so abgestimmt werden, dass es nicht zu Schuld- oder Schamgefühlen kommt.

V.3.1.3 *Neurologisch* und *entwicklungspsychologisch* gilt – natürlich nicht unbestritten – die Persönlichkeit (Charakter und Intelligenz) zu 40-50% genetisch, durch Erlebnisse bis fünf Jahre zu 30-40% geprägt (hier werden auch die Fähigkeiten aktiviert, die man in der eigenen Kultur braucht), durch spätere Erlebnisse und Erziehung zu 20%. Die Sozialisation erfolgt von Vorprägungen aus.

V.3.1.3.1 Zur Einordnung einer Person werden heute *Charakterdimensionen* bezüglich Stabilität (Gewissenhaftigkeit, Verträglichkeit, Emotionalität) und Flexibilität (Offenheit, Extravertiertheit) unterschieden (in diesen „Big Five“ lassen sich die vielen Adjektive der Persönlichkeitscharakterisierung zusammenfassen).

V.3.2 Identität war *vormodern* durch Geburt in einen Stand, durch soziale Inklusion, festgelegt (ein Anerkennungsproblem gab es nicht), soziale und persönliche Identität fielen zusammen und wurden durch Festhalten am Bisherigen gesichert.

V.3.2.1 Die *normative* Reaktion bestimmt auch heute in weitem Umfang das Ich: Eine bestimmte Selbstinterpretation wird längere Zeit festgehalten und moralisch, emotional gegen alle Zweifel verteidigt. Weiterhin bieten sich traditionelle, vorgegebene Identitäten an – Identifikationen mit Nation, Ethnie, Religion, Geschlecht (während der soziale Status als weitere wichtige Zuschreibung nicht mehr festliegt).

V.3.3 In der *modernen*, zentrums- und einheitslosen Gesellschaft mit ihrem Nebeneinander von Funktionssystemen wird der Mensch aus vorgegebenen Kollektiven freigesetzt. Prinzipiell sind jetzt alle Bürger gleichberechtigt. Die verschiedenen Rollen werden nicht mehr durch eine übergreifende soziale Identität (Stand) zusammengehalten, sondern je nach Funktionssystem hat man einen unterschiedlichen Status, statt einer *viele soziale Identitäten*. Die Rollenvielfalt ermöglicht, erfordert und schafft faktisch je individuelle Kombinationen, führt zur *Individualisierung*, zur Ausbildung von Individualität.

V.3.3.1 Individualität bedeutet größere Handlungsfreiheit: Fremdzwänge nehmen ab, mit ihnen körperliche Gewalt. An ihre Stelle treten *Selbstzwänge* und Eigenverantwortung. Die soziale Kontrolle verliert an Bedeutung gegenüber dem eigenen Selbstbild und Gewissen. Aus *außengeleiteten* werden *innengeleitete* Individuen – ob das mit höherer Affektkontrolle einhergeht, ist umstritten.

V.3.3.2 Je nach Erfolg in den sozialen Rollen und persönlicher Befindlichkeit kann Individualität als *Befreiung* (aus der Abhängigkeit enger Gemeinschaften, von starren Rollenerwartungen) und als Möglichkeit der Selbstverwirklichung empfunden werden oder aber als *Sicherheitsverlust*, Orientierungslosigkeit, Isolierung, Abhängigkeit von abstrakten, ungreifbaren Mächten und neuen Zwängen (wie lebenslanges Lernen). Für das individualisierte Individuum sind (zumindest zeitweise) *Einsamkeits-* und soziale *Entfremdungserfahrungen*, die fehlende Übereinstimmung mit der sozialen Umwelt oder fehlende Anerkennung, normal.

V.3.3.2.1 Da das Individuum als Umwelt der Kommunikation in der Kommunikation nicht als Ganzes zur Geltung kommen kann, gibt es in jeder Gesellschaft (in unterschiedlichem Ausmaß) *Entfremdung*. Neu in der Moderne sind weder Individuum und Entfremdung (auch der Sklave, Fronbauer waren entfremdet), sondern der Individualismus, das Selbstverständnis als Individuum, mit dem die Entfremdung stärker bewusst wird, zum belastenden Erlebnis und Existenzproblem (statt hinzunehmenden Unglücks) werden kann (für das sich immer, nicht nur bei Ungleichheit, Unterdrückung, Stigmatisierung, die falsche Gesellschaft verantwortlich machen lässt).

V.3.3.2.2 Auch die *Mittel* der Selbstverwirklichung bringen zugleich Freiheitsgewinn und Entfremdung, etwa Geld versachlichte, sinnentleerte Beziehungen oder Freizeit Langeweile und den Zwang zu Erlebnissen.

V.3.3.2.3 *Neue Zugehörigkeiten* werden gesucht und auch gefunden, doch sind sie beidseitig leicht *aufzukündigen*: Man kann sich nur begrenzt auf sie verlassen.

V.3.3.3 Mit der Individualisierung werden auch bisher stark *sozial bestimmte Phänomene* wie Liebe, Trauer, Feste von sozialen Rücksichten *freigesetzt* und in ihrer Eigenlogik gestärkt, kommen quasi „zu sich selbst".

V.3.4 Die faktische Individualität muss als *persönliche Identität* übernommen werden. Statt über einen vorgegebenen sozialen Status ist man jetzt zeitlich in die Gesellschaft integriert, versteht sich selbst über sein angestrebtes Ich-Ideal und seine *Biographie*. Die Selbstgegebenheit, das faktische Ich (das sich nie selbst einholen kann), wird „interpretiert" (fühlend verstanden), als Selbstbild, ein Ensemble von auf sich bezogenen (variablen) Unterscheidungen artikuliert.

V.3.4.1 Auch für die persönliche Identität gibt es soziale Vorgaben: Die gleichberechtigten Individuen sollen sich selbst ihre Lebensziele suchen (aus Normalbiographien werden Wahlbiographien), sollen sich als individuell, *einzigartig*, kommunizieren und *authentisch*, „Ich-selbst" sein, *sich selbst verwirklichen* – ein sozialer Zwang, der als Eigeninteresse erscheint und als (berechtigter) Anspruch übernommen werden kann. Die faktische Individualisierung wird normativ ausgezeichnet, dass ihre Zwänge auch überfordern können, ausgeblendet.

V.3.4.1.1 Verstanden als Anderssein als Andere, als *Einzigartigkeit*, sind Authentizität, Selbstverwirklichung paradox: Sie fordern ein Muster zu kopieren, das die Kopie von Mustern verbietet (und dafür gibt es auch noch Ratgeber und Beratung). Als eine Folge wird Privates öffentlich zelebriert, der Unterschied von privat und öffentlich verwischt. Faktisch stellt man aus vorgegebenen Standardmustern eine mehr oder weniger individuelle Identität zusammen.

V.3.4.1.2 Die Individualität als Einzigartigkeit wird immer wieder dementiert: Als ein Mensch unter Milliarden und in den unpersönlichen Rollen ist man gerade nichts Besonderes, *vernachlässigbar* und ersetzbar – und wenn man sich deshalb entfremdet empfindet, dann ist auch das nichts Besonderes, sondern normal.

V.3.4.1.3 Der (sozial vorgegebene) Anspruch, etwas *Besonderes* zu sein (das Geltungsstreben, Leistungs-, Machtmotiv) geht mit dem Wunsch nach *sozialer Zugehörigkeit* (das Gemeinschaftsgefühl, Bindungsmotiv) einher. Auch die „authentische" Identität braucht zu ihrer Aufrechterhaltung eine soziale Bestätigung, strebt nach sozialer *Anerkennung*. Sozial wird man über die *Karriere* eingeordnet, während die Anerkennung der ganzen Person vor allem die *Liebesbeziehung* leisten soll.

V.3.4.1.4 Der Leib oder *Körper*, der immer da ist, nicht ignoriert und nur in Grenzen beeinflusst werden kann, bestimmte schon immer die Identität stark mit. Man findet sich leiblich vor, muss seinen Leib, an dem sich auch Lebensstil, Alter widerspiegeln, übernehmen, wird anhand des Aussehens bewertet und misst sich an sozialen Schönheits- und Gesundheitskriterien. Er kann auch zur Hauptidentität werden (etwa bei Krankheiten, Fixierung auf „Körperarbeit", auf Sport, Gewicht, Körperpflege).

V.3.4.1.5 Die *Kulturkritik* sieht im massenhaften Anspruch auf Selbstverwirklichung die „wahre" Individualität bedroht, die Einebnung der Individualität auf den Durchschnitt. Damit beklagt sie letztlich die Demokratisierung, die Gleichberechtigung.

V.3.4.2 Der schnelle soziale Wandel erfordert eine *wechselnde Identität*. Dem entsprechen die Ziele Authentizität, Selbstverwirklichung, die es erlauben, sich zu ändern, *lernend* auf die sich ständig ändernde und irritierende Umwelt zu reagieren. Identität ist ein ständiger Prozess, stellt heute verstärkt die Aufgabe, sich über Veränderungen (neue Situationen, wechselnde Präferenzen) oder auch widerstreitende Bestrebungen hinweg, als dieselbe zu interpretieren (obwohl man bisherige Fremd- und Eigenerwartungen oder Versprechen nicht einhält).

V.3.4.2.1 Eine *neue Identität* stellte sich schon immer als Aufgabe bei Übergängen (Kind – Jugendliche – Erwachsene), die ein Loslassen der alten Identität erzwingen. Immer geht es bei neuer Identitätssuche um ein nicht mehr passendes Verhältnis zur Welt. Betroffen sind meist einzelne Rollen (Beruf, privat) oder Charaktere.

V.3.4.2.2 Eine zeitweise *Selbstentfremdung* ist heute angesichts immer wieder fraglicher Identität normal. Da sich nicht alles zugleich ändert, findet man aber immer Zuschreibungen, Erwartungen, Erinnerungen, die sich durchhalten und die „multiplen Ichs" zusammenhalten und als „wahre" Identität interpretiert werden können.

V.3.4.2.3 Einen möglichen *Ausweg* aus Identitätskrisen bieten Weltanschauungen mit klaren Unterscheidungen und Festlegungen, die die permissive Gesellschaft nicht mehr bietet, etwa *Proteste* oder *Fundamentalismen*. Eine kleine Minderheit verbindet zudem radikale Ideologie mit Gewalt (Dschihadismus, Links-, Rechtsextremismus) und gewinnt ihre Identität als „negativer" Held und Star, etwa als Selbstmordattentäter.

V.3.4.2.4 Kann man die Identität nicht aufrechterhalten, sich selbst nicht als Einheit erleben, bei *Identitätsverlust*, wird man sich selbst intransparent, weiß nicht mehr, wer man ist – mit schweren psychischen Problemen. Das kann auch, oft ohne Krankheitseinsicht, nur „einzelne Ichs" betreffen: Neurologisch lassen sich so Körper-, Verortungs-, perspektivisches Ich (Mittelpunkt der Welt), Erlebnis-, Autorschafts- (Kontroll-), autobiographisches (Kontinuität), selbstreflexives, ethisches Ich unterscheiden – sie sind bei Hirnschädigungen unabhängig voneinander beeinträchtigt.

V.4 Vertrauen

Vertrauen (im weiten Sinn: Vertrautheit und Vertrauen/Misstrauen) liegt allem Verhalten zugrunde, ein *Sich-verlassen auf Gewisses.*

V.4.1 Das grundlegende Vertrauensphänomen ist die *Vertrautheit* mit der unmittelbaren Lebenswelt (mit dem Körper, nahestehenden Personen, der nächsten Umgebung). Sie ermöglicht auch erst Misstrauen.

V.4.1.1 Vertrautheit ist für den Menschen *sprachliche* Vertrautheit. Mit der Sprache, in die man hineinwächst, wird Welt. In der Sprache als dem „Grund"-Vertrauten zeigen sich Vertrautes und Unvertrautes.

V.4.1.1.1 Verstandene Phänomene sind vertraut. Unverstandene, aber verstehbare Phänomene sind *relativ unvertraut.*

V.4.1.1.2 Die Sprache weiß auch vom *absolut Unvertrauten*, dem Tod, der jederzeit die alltägliche Vertrautheit und das Weltvertrauen zu stören oder zerstören droht.

V.4.2 Vertrautheit wird immer wieder fraglich. Um sie wieder zu erlangen, muss man *bewusst vertrauen.*

V.4.2.1 Vertrautheit und Vertrauen *überschneiden* sich oft. „An sich" ist so in jedem friedlichen sozialen Umgang Vertrauen nötig, da die Andere immer auch anders handeln kann und man das „an sich" weiß. Vertrauen „entscheidet" sich, schädliches Verhalten der Anderen auszuschließen. Durch die alltägliche Vertrautheit mit den Anderen ist das Vertrauen aber meist vorbewusst: Erst bei Enttäuschungen oder Verletzungen, merkt man, dass man vertraut hat. Erst dann wird Vertrauen als Vertrauen bewusst, zeigt sich die unmittelbare Vertrautheit als vorbewusstes Vertrauen.

V.4.2.2 Bewusstes Vertrauen hat die „Naivität" der Vertrautheit verloren, weiß um die Möglichkeit der Enttäuschung, schließt sie aber vorläufig aus. Es ist (mehr oder weniger) *skeptisch* und kann immer in Misstrauen, Angst umschlagen.

V.4.2.3 Vertrauen *stabilisiert* „an sich" unsichere Erwartungen. Dadurch wird komplexeres Verhalten möglich (ständige Angst vor einem AKW-Unfall würde den Alltag verunmöglichen, zu einfachen Reaktionen wie Flucht führen).

V.4.2.4 *Zu viel* Vertrauen (Inflation) entwertet sich durch Enttäuschungen, *zu wenig* Vertrauen (Deflation) nutzt Kommunikationsmöglichkeiten nicht.

V.4.3 Vertrautheit und Vertrauen sind die *normale Einstellung zur Welt*, der normale, kognitiv und emotional unauffällige Weltbezug. Vertrauen ist die neutrale oder positive, *Misstrauen* die *negative Einstellung* zur Welt (mit fließenden Übergängen), die in der Sozialisation gelernt werden (so etwa Misstrauen gegenüber Fremden).

V.4.3.1 Vertrauen ist wie jedes Sinnphänomen fühlendes Verstehen, aber *gefühlsmäßig unauffällig*. Vertrauen geht mit Angstlosigkeit, Sicherheit oder auch Geborgenheit, Zufriedenheit, Glück einher. Vertrauen wird nicht als Vertrauen gefühlt, ist *kein* eigenständiges *Gefühl*, sondern sorgt für eine neutrale oder positive Hintergrundstimmung, die sich in unterschiedlichen Gefühlen zeigen kann.

V.4.3.2 *Misstrauen* (mit negativer Hintergrundstimmung) zeigt sich in vorsichtigem Verhalten, in Machtpositionen vor allem als Kontrolle, kognitiv als Skepsis, Argwohn bis zur negativen Erwartungssicherheit. Misstrauen bezieht, anstatt sich dauernd vor einer Bedrohung zu ängstigen, die Schädigung in die Erwartung ein und entschärft sie so.

V.4.3.2.1 Mit negativ konnotierten Emotionen (jedenfalls den Basisemotionen Angst, Trauer, Empörung, Verachtung, Eifersucht) geht Misstrauen einher. Starke *Angst* (Verzweiflung, Entsetzen) ist eine Art „reines“ Misstrauen, das das Denken weitgehend ausschaltet.

V.4.4 *Heute* werden immer mehr Sachverhalte als Entscheidungen (Risiken) bewusst, so dass sich (bewusstes) Vertrauen auf Kosten der Vertrautheit (der Tradition) ausweitet. Das Vertrauen ist angesichts der heutigen Unsicherheiten und erwartbaren Krisen stärker als in früheren Zeiten skeptisch gebrochen, ist *skeptisches Vertrauen* als der heute normale Weltzugang. Häufige Katastrophenberichte oder Krisenrhetorik verstärken die Skepsis und führen zu (geäußerter) Angst.

V.5 Gefühle

Nur das Einzelwesen, das Individuum, fühlt. *Gefühle*, am Körper oder im Leib empfunden, „zeigen" der Einzelnen ihre Stellung in der Welt, ihren Weltbezug, ihre *Situation*, geäußerte Gefühle den Anderen. Sie lenken, wenn sie das Bewusstsein (das eigene oder das der Anderen) irritieren, den Blick auf die jetzt wichtigen Dinge und lösen Reaktionen aus. Gefühle sind, funktional gesehen, eine Art Immunsystem (das teils angemessen, teils falsch, zu schnell, zu langsam reagiert).

V.5.1 Als Grundunterschied fühlt man Angenehmes oder Unangenehmes. Immer, wenn es um den Unterschied von angenehm und unangenehm – quasi der *Gefühlscode* – geht, sind (mehr oder weniger bewusste) Gefühle im Spiel.

V.5.2 Gefühle als persönliches, unmittelbares Erlebnis sind *nie falsch* – man fühlt, was man fühlt. Das Ich hat die Deutungshoheit über seine Gefühle. Gegen Gefühle kann man deshalb nicht argumentieren (die Dritte-Person-Perspektive einnehmen) – man kann sie *verstehen*, nachvollziehen, oder nicht verstehen oder eine Täuschung unterstellen.

V.5.3 Die meisten, jedenfalls die Grundgefühle sind *universal*, kennt und versteht (fast) jede.

> **V.5.3.1** Um ein Gefühl zu verstehen, muss man es kennen, es in irgendeiner Ausprägung *erlebt* haben.

V.5.4 Die Abgrenzung einzelner *Gefühlsarten* ist unscharf (fließende Übergänge, unterschiedliche Einordnung). Die jeweilige Kultur gibt das Gefühlsvokabular (je nach Sprache mehr oder weniger differenzierte Gefühlsbezeichnungen) und emotionale Normalreaktionen vor. Als Grundarten lassen sich Empfindungen, Emotionen, Stimmungen unterscheiden.

> **V.5.4.1** *Empfindungen*, die körperlichen Wahrnehmungen im engeren Sinn wie Durstgefühl oder Schmerz, werden meist durch physiologische Prozesse ausgelöst.

V.5.4.1.1 *Schmerzen* verweisen auf Schädigungen, Krankheiten, was biologisch oft Sinn macht, sind ansonsten aber *nicht-intentional*, verweisen auf nichts anderes, sind nachmetaphysisch ohne höheren Sinn, tiefere Bedeutung.

V.5.4.1.2 *Starke* Schmerzen werden zur überwältigenden Gegenwart und ganzen Welt („Weltverlust"), führen zu Wahrnehmungs-, Denkstörungen, zum *Verlust des Weltvertrauens*, und Gewaltopfer verlieren auch das Sozialvertrauen.

V.5.4.2 *Emotionen* sind intentional, auf das das Gefühl auslösende Phänomen bezogen, entstehen, wenn Erwartungen positiv oder negativ enttäuscht werden (es gibt keine neutralen Emotionen). Sie „setzen sich zusammen" aus einer Gefühlskomponente (das subjektive Gefühlserlebnis – im Gegensatz zu Empfindungen nicht eindeutig lokalisierbar, sondern eher diffus im Leib empfunden), einer kognitiven Komponente (Situationswahrnehmung, -bewertung, -benennung), körperlichen Reaktionen (Erröten, Schwitzen), motorischem Ausdruck (Mimik, Gestik) und Handlungstendenzen (Fliehen, Aggression). Diese, in ihrer Bedeutung unterschiedlich eingeschätzten Komponenten (Empfindungs-, Kognitionstheorien) lassen sich im Übrigen auch bei sprachlich verarbeiteten Empfindungen unterscheiden.

V.5.4.2.1 Universal, teils auch bei Tieren (zumindest Freude, Angst, Ärger), finden sich *Basisemotionen*: Freude, Angst, Traurigkeit/Trauer, Ekel, Ärger/Empörung/Zorn/Wut, wahrscheinlich auch Verachtung/Hass, Staunen/Überraschung, Eifersucht/Neid, Schuld/Scham – mit universal weitgehend gleichartigen Ausdrucksmustern (allerdings oft in kulturspezifisch unterschiedlichen Situationen). Basisemotionen reagieren quasi automatisch (oft zu schnell, „irrational") auf Situationen.

V.5.4.2.2 Ohne *Sprache* gäbe es bestimmte Emotionen nicht (Verliebtheit, Hass) oder nicht in dieser Form (menschliche Trauer). Mittels Sprache werden Emotionen kulturell geprägt (romantische Liebe), gebildet (nationale Gefühle) oder auch situativ kollektiv bewirkt (Einheitserlebnisse, Massengewalt, Paniken).

V.5.4.3 *Stimmungen* wirken diffus (nicht-intentional), längerfristig und beziehen sich auf das „Ganze" der Welt, bilden einen (oft unauffälligen) Hintergrund, der das Verstehen und die sonstigen Gefühle mitbestimmt (die wiederum auf die Stimmung zurückwirken). Stimmungen prägen das Weltverständnis (aber auch umgekehrt das Weltverständnis die Stimmung, etwa über „Atmosphären" im Raum).

V.5.4.3.1 Die *Gesellschaft* hat zwar keine Stimmung, wird aber von ihr geprägt, die Kommunikation in bestimmte Richtungen gelenkt (depressive, aggressive Gesamtstimmung, entspannte Atmosphäre), und manche Kommunikationszusammenhänge setzen besondere Stimmungen voraus (Wissenschaft als „stimmungslose", neutrale Angelegenheit).

V.5.4.3.2 In unterschiedlichen Stimmungen zeigen sich *unterschiedliche Welten.*

V.6 Gefühlsausdruck

Gefühle zeigen sich im (kulturell geprägten) sprachlichen und körperlich/leiblichen *Ausdruck* (einschließlich Verhalten).

V.6.1 Der Ausdruck als Zeichen von Gefühlen ist die *Einheit von Ausdruck und Gefühl* (Fichteschema): Gefühle sind nie vom Ausdruck getrennt, drücken sich auf eine Art aus. Man fühlt nicht in einem isolierten Innern, sondern als In-der-Welt-sein, das mit den Gefühlen seine jeweilige Situation ausdrückt. Das (innere) Erlebnis zeigt sich in äußeren Kriterien, im (überindividuellen) Ausdruck.

V.6.1.1 Gefühle lassen sich *unterschiedlich ausdrücken* und *deuten*, ihre Bedeutung vom Ausdruck unterscheiden. Gefühle und Ausdruck können auseinanderfallen, Sprechen und Verhalten Gefühle bewusst vortäuschen. Gefühle können auch, obwohl sie nie falsch sind, falsch ausgedrückt werden (jemand leugnet ein Gefühl, dessen Verhalten sie zeigt) oder auch typische Ausdrucksmuster durchbrochen werden (so Trauer mit Lachen, Freude mit Weinen einhergehen).

V.6.1.1.1 Der Ausdruck wird von Anderen zunächst am *sozial üblichen Zusammenhang* von Gefühl und Sprechen/Verhalten gemessen, gegebenenfalls eine Diskrepanz festgestellt und der Ausdruck neu interpretiert.

V.6.1.2 Meist, zumindest aber bei starken Gefühlen und Basisemotionen, achtet man nicht auf den Ausdruck, sondern fühlt nur (so auch Tiere), *fühlt unmittelbar*. Ausdruck und Gefühl können aber auch dann unterschieden werden: Der (verbale oder averbale) Ausdruck eines Gefühls ist nicht das (gefühlte) Gefühl (der Schrei ist nicht der Schmerz).

V.6.2 Menschen verstehen Gefühle *sprachlich* und drücken sie oft sprachlich aus.

V.6.2.1 Die Sprache kann Gefühle (wie alles andere auch) nur *unzureichend* wiedergeben. Das fällt besonders auf, weil die Anderen die Gefühle nicht mitfühlen, sondern „nur“ verstehen (oder nicht verstehen) können und man sich aufgrund dieser Diskrepanz oft missverstanden, unangemessen behandelt sieht, aber auch weil man bei starken Gefühlen selbst nicht versteht, was mit einer geschieht, man sich „sprachlos“ selbst entfremdet, einer Art fremder Macht ausgeliefert ist.

V.6.2.2 Die Reduktion der Gefühle auf Sprache erlaubt aber auch, sprachliche *Komplexität aufzubauen* und auf die Gefühle zu übertragen: Die Sprache prägt Gefühle mit (durch differenzierte Bezeichnungen, Bilder, Erzählungen, Gedichte, überhaupt Literatur), teils konstituiert sie sie erst. Sie verweist auf die Situationen, in denen Gefühle angebracht sind oder erwartet werden.

V.6.2.2.1 Die eigene *Unsicherheit*, ob man ein Gefühl hat (etwa Liebe, Mitleid, Trauer), ist sprachlich bedingt, so bei Skripts (oft als Gefühl missverstanden), bei denen das Gefühl nur Teilkomponente ist (in längeren Liebesbeziehungen nimmt die Verliebtheit, das Gefühl ab), verstetigten Einstellungen (generalisiertes Mitleid muss man nicht mehr fühlen), übernommenen sozialen Ansprüchen (bei Todesfällen sind zwiespältige Gefühle oder Erleichterung, die man „an sich" nicht haben darf, häufig).

V.6.2.2.2 *Individuell* erschließt man sich manchmal über den sprachlichen Ausdruck seinen emotionalen Zustand oder bewirkt ihn erst (schreibt sich etwa durch Liebesbriefe in eine Liebe hinein oder verscheucht depressive Phasen durch positives Denken oder euphorische durch negative Gedanken).

V.6.2.2.3 Neben Literatur versuchen oft auch *Kunst* und besonders *Musik*, die sich sprachanalog an Ausdruck und Bedeutung orientieren können, Gefühle auszudrücken oder zu bewirken. Wie sie verstanden werden, ist allerdings stark individuell geprägt.

V.6.3 Unmittelbarer als der sprachliche ist der *körperlich/leibliche Ausdruck* (Mimik, Gestik), wobei der Ausdruck auch selbst gefühlt (empfunden) wird. Wie über Sprache, so kann man auch versuchen, über den körperlichen Ausdruck ein Gefühl zu erzeugen. Er bewegt sich in einem Spektrum von Lachen über Ernst bis Schreien, Weinen. Lachen und Weinen kommen (fast) nur beim Menschen vor.

V.6.3.1 Der *Hauptgegensatz* sind *Lachen und Ernst.* Lebenswichtige Dinge (Politik, Religion, Arbeit, Liebe) gelten als ernst. Alles Ernste kann belacht, verlacht werden, aber umgekehrt auch der Ernst jedes Lachen abtöten. Lachen und Ernst halten sich gegenseitig in Schranken.

V.6.3.1.1 *Lachen* bildet keine positive Gegenwelt zum Ernsten, sondern *verneint* nur. Politisch ist es nur negativ, destruktiv, oder aber zur Stabilisierung nutzbar (der traditionelle Karneval als Verkehrung der herrschenden Verhältnisse setzte klare Hierarchien voraus, die er – meist – nicht in Frage stellte, sondern bestätigte).

V.6.3.2 *Lachen* kann in allen Situation vorkommen, mit jedem Gefühl einhergehen, wenn auch die freudigen Gefühle überwiegen. Man kann über alles – auch Schreckliches – lachen (Lachen kann zynisch, geschmacklos sein, Gewalt, Unglück verharmlosen). Die Bedeutung des Lachens erschließt sich aus der jeweiligen Situation.

V.6.3.2.1 Das *Interaktions*lächeln ist am häufigsten. Es ist tendenziell verfügbar, strategisch einsetzbar (von meist wohlwollend, herzlich, friedlich bis aggressiv).

V.6.3.2.2 Beim *Resonanz*lachen lässt man sich vom Lachen der Anderen anstecken (Gruppenlachen, grundlose Heiterkeit).

V.6.3.2.3 Das *Bekundungs*lachen zeigt alle möglichen Gefühle und Weltbezüge an (positive, aber auch Unsicherheit, Angst, Bitterkeit, Verzweiflung, Wut, Rache, Triumph, Hass, Grausamkeit). Man *verlacht* Lächerliches (von spöttisch-gutmütig, ironisch den Verlachten einbeziehend bis zur aggressiven Ausgrenzung, Demütigung, Zerstörung), *belacht* Komisches (komisch erscheint, situationsabhängig, Nicht-Alltägliches, etwa Doppeldeutiges, Missgeschicke, Witze).

V.6.3.2.4 Als quasi eigenständiges Gefühl erscheint das unverfügbare, *unwillkürliche* Lachen, von dem man überwältigt wird. Lachen drückt in diesem Fall extreme Gefühle aus und wird dann, weil man dem Körper ausgeliefert ist, selbst stark empfunden.

V.6.3.2.5 Das *pathologische* Lachen (Pseudolachen) hat keine Ausdrucksbedeutung, ist eine Empfindung, rein physiologisch, durch Krämpfe bedingt (auch Tote lächeln nicht, sondern ihre Gesichtsmuskeln sind entspannt).

V.6.3.3 *Weinen* geht meist mit traurigen Gefühlen einher, kommt aber auch in euphorischen Zuständen vor, allgemein in Situationen, wo man emotional stark betroffen und das Verstehen überfordert ist, wo man etwas, zu dem man wenig oder keine Distanz hat, nicht fassen kann. Es ist schwer zu steuern (bis zu einem gewissen Grad unterdrückbar). Die Unterscheidungen des Lachens sind auch auf das Weinen anwendbar.

V.7 Gehirn und Bewusstsein

Körper und Bewusstsein (traditionell Leib-Seele, Körper-Geist) bilden eine untrennbare Einheit, werden aber unterschiedlich wahrgenommen oder erlebt: Körperzustände bestimmen das Bewusstsein und das Bewusstsein den Körper. Sprachlich wird dieser wahrgenommene Unterschied zur Unterscheidung zweier Bereiche, und es stellt sich die Frage nach ihrem Bezug – ein Problem, das es für den Organismus nicht gibt. Heute, wo die Wissenschaft die Körpererfahrung im Gehirn lokalisiert, fragt sich, wie *Gehirn und Bewusstsein* als Einheit funktionieren – ein noch abstrakteres Problem, werden Gehirnprozesse doch nicht erlebt.

V.7.1 Das *Bewusstsein* ist zum Körper, zum Gehirn *emergent*. Bewusstsein, das erst auf einer späten Entwicklungsstufe auftaucht, kann nicht ohne Organismus und Gehirn, ein Organismus aber ganz, ein Gehirn zumindest zeitweise ohne Bewusstsein sein. Das *Gehirn* ist *eine* der *notwendigen Bedingungen* des Bewusstseins und macht sich im Normaloperieren nicht bemerkbar, sondern nur bei „Defekten", Krankheiten, oder Eingriffen (Medikamente, Drogen) über anomales Verhalten.

V.7.1.1 Das Bewusstsein benutzt die durch das (gesunde) Gehirn ermöglichten Spielräume, um nach seinen eigenen Gesetzen (etwa als Denken, als Akteur) funktionieren zu können. Eine Wechselwirkung hat nicht kausal statt – Kausalitäten gibt es nur auf gleicher Ebene –, sondern es handelt sich hier um *Korrelationen* von Eigenschaften und Aktivitäten eines übergeordneten Ganzen mit seinen Voraussetzungen. Jedem Bewusstseinszustand entspricht ein Hirnzustand, -prozess (aber nicht jeder Hirnzustand ist bewusst). Es ist, wie wenn ein Musiker sein Instrument benutzt, um eine Melodie hervorzubringen. Jedem Ton entspricht ein physikalischer Zustand des Instruments (ist das Instrument verstimmt, „krank", bestimmt es das Ergebnis).

V.7.1.2 Bewusstsein, fühlendes Verstehen, gibt es nur bei Organismen mit (Zentral-)*Nervensystem*. Die Spekulationen (euphemistisch: Gedanken„experimente") über anderweitiges Bewusstsein, etwa von Maschinen, gehen von einzelnen Bewusstseinsfunktionen aus (Sprechen, Denken), die sich formalisieren, auch mit Hilfe von „Werkzeugen" bewältigen lassen. Weder fühlt ein Computer noch versteht er.

V.7.2 Die Eigenleistungen des Bewusstseins beschreibt das *mentale (psychische)*, die des Gehirns das *neuronale* Vokabular – zwei Sichtweisen (Erlebnis- und Objektperspektive) auf ein einheitliches Phänomen, das sich nicht mit nur einem Vokabular verstehen lässt.

V.7.2.1 Das *psychische* Vokabular beschreibt die *individuelle Sinnsphäre*. Psychische Phänomene sind potenziell bewusst, werden unmittelbar („introspektiv") erlebt und der Einzelnen zugerechnet (Erste-Person-Perspektive, Deutungshoheit über das Innenleben).

V.7.2.1.1 Als *psychische Phänomene* gelten: Denken (Vorstellen, Glauben, Meinen, Wissen, Urteilen), Fühlen (Erleben, Wahrnehmen), Wollen (Wünschen,

Hoffen). Oder, nach anderen Unterscheidungen: geistige Akte (Episoden), Zustände (etwa Verhaltensdispositionen), Prozesse; oder phänomenales Bewusstsein (direkt erfahrbare „Qualitäten" wie Schmerzen, Farben, Gerüche) und intentionales (auf Sachverhalte gerichtetes) Bewusstsein. Außerdem lassen sich verschiedene Grade der Bewusstheit (unbewusst, vorbewusst, Wach-, Traumbewusstsein) unterscheiden.

V.7.2.2 Das *neuronale* Vokabular beschreibt physiologische Vorgänge, bezieht sich auf Sinn-loses, auf Voraussetzungen von Sinn, ist wissenschaftliches, nicht unmittelbar subjektiv zugängliches, „objektives", kommunikatives Wissen (Dritte-Person-Perspektive), bei dem unterschiedliche Ansichten bestehen können.

V.7.2.2.1 Bewusstseinsphänomene müssen *bekannt* und benannt sein, um ihre neuronalen Korrelate bestimmen zu können. Deshalb bekommt man von der Forschung eher Bekanntes bestätigt, als dass man grundsätzlich Neues erfährt. Der Unterscheidung verschiedener einfacher Bewusstseinsfähigkeiten entspricht, dass über 90% der Verschaltungen lokal vor sich gehen (willkürliches Lächeln wird als unnatürlich vom unwillkürlichen unterschieden, musikalische Begabungen nach Tonalität und Rhythmus, die wenig zusammenhängen – sie werden durch unterschiedliche Gehirnareale gesteuert). Und, wenig verwunderlich, bei komplexen Fähigkeiten sind viele Areale beteiligt.

V.7.2.2.2 Ein stark vom normalen *abweichendes* Verhalten wird als absichtlich, frei, zurechnungsfähig oder als unfrei, unzurechnungsfähig gewertet – mit unterschiedlichen Folgen. Die Kriterien für die Zuschreibung ändern sich. So ist bei Zerstörungen von bestimmten Gehirnarealen ein normales Verhalten nicht mehr möglich. Sofern es der Neurobiologie gelingt, eindeutige Korrelationen von Verhalten und Gehirnzuständen auszumachen, könnte sie einen neuen, durch biologische Kriterien mitbestimmten Begriff von Zurechnungsfähigkeit, Willensfreiheit einführen (besonders, wenn er anderweitig nutzbar ist: Schon länger diskutiert man in Recht und Soziologie, ob auf den Begriff Schuld und das Strafrecht verzichtet werden kann).

V.7.2.2.3 Bei fehlenden neuronalen Bedingungen ist das Verhalten eingeschränkt, „determiniert“, doch daraus folgt nicht, dass auch unter *Normalbedingungen* die Neuronen das Verhalten steuern. Innerhalb des normalen Verhaltensrahmens wird *Freiheit*, die Möglichkeit, immer auch Nein sagen zu können, unterstellt. Freiheit ist ein Begriff der Sinnsphäre und kann nur auf Determiniertheit durch Neuronen reduziert werden, wenn man Freiheit oder Willen entsprechend eingeschränkt definiert (sie mit kurzfristigen Bewegungsentscheidungen aufgrund einer Muskelanspannung und neuronalem Bereitschaftspotenzial gleichsetzt – eine längere Willensbildung, die wichtigen Entscheidungen vorhergeht, und die soziale Zuschreibung von Freiheit werden so nicht erfasst).

V.7.2.2.4 Die angebliche neuronale *Determiniertheit* aller Handlungen (von der Physik aus wurde sie einst für alles Geschehen behauptet) ist wie jede Metaphysik unwiderlegbar. Von allen möglichen Zukünften kann sich nur ein Verlauf verwirklichen, der immer als vorherbestimmt behauptet werden kann. Nur ist das nutzlos, weil man nicht vorher weiß, welche Zukunft eintritt.

V.7.3 Die traditionelle, wahrnehmungsnahe Unterscheidung von *Geist* und Körper orientierte sich am Menschen, an sprachlichem Bewusstsein. *Sprachliches Bewusstsein* lässt sich aber nicht auf das Verhältnis eines individuellen Bewusstseins zu seinem Gehirn reduzieren. Das individuelle sprachliche Bewusstsein bildet sich und ist immer gekoppelt mit Kommunikation. Die Sprache als emergente Ebene „über" dem Bewusstsein, als zugleich individuell und sozial, hat direkt nichts mit dem Gehirn (Körper) zu tun. Die Tradition sah das insofern, als sie subjektiven Geist und objektiven, in Kultur „materialisierten", gegenständlich gewordenen überindividuellen Geist unterschied. Da Geist nichts anderes als Sprache oder sprachliches Bewusstsein meint, kann man auf den Begriff verzichten.

V.8 Krankheit

Krankheit bedeutet eine Abweichung von einem Normalzustand und bezieht sich (üblicherweise) auf Individuen. Bei Krankheit ist der normale Weltbezug (normales Erleben, Wahrnehmen, Verhalten) gestört.

V.8.1 An Krankheiten zeigt sich die Plausibilität der Unterscheidung von Körper und „Geist" (sprachlichem Bewusstsein, Verstehen), lassen sich doch die meisten Krankheiten, obwohl sie immer den ganzen Menschen betreffen, einer „Seite" zuordnen: als körperliche Gebrechen oder Einschränkungen, *somatische* Krankheiten, oder, wenn es sich (vorrangig) um Kommunikationsstörungen, soziale Verstehenskonflikte, handelt, als *psychische* Krankheiten.

V.8.1.1 Bei der *Therapie* überwiegt der schnell und kurzfristig wirkende *körperliche Eingriff*, wenn auch psychosomatische Überlegungen an Bedeutung gewonnen haben.

V.8.1.2 *Psychische* Krankheit kann aus individuell anomalen *Gewissheiten* folgen. Oder die neuronalen Bedingungen sind exogen (nicht von der Bewusstseinsebene her) gestört und bestimmen unkontrolliert das Bewusstsein.

V.8.1.2.1 Zur Krisenintervention und *Therapie* sind kurzfristig Medikamente, die direkte Beeinflussung der neuronalen Bedingungen, am effektivsten (bei manchen Krankheiten wie Bipolarität auch langfristig angebracht).

V.8.1.2.2 *„Verrückte"* Handlungen lassen sich oft verstehen, wenn man die ihnen zugrundeliegenden Gewissheiten kennt, handeln Personen doch meist „rational", der Situation, wie sie sie sehen, entsprechend. Fallen persönliche und soziale „Rationalität" (Plausibilität) auseinander, so führt das oft zu Konflikten. Handlungen werden dann juristisch, sofern es um kriminelle Taten geht, oder psychotherapeutisch zu korrigieren versucht – eine schwierige Aufgabe, wenn man der Patientin neue Gewissheiten beibringen muss, gibt man Gewissheiten, die aufgrund ihrer emotionalen Verankerung argumentativ wenig beeinflussbar sind, doch normalerweise nicht auf. Die Therapienvielfalt, Erfolge und Misserfolge erklären sich aus dieser Schwierigkeit: Je nach Patient (Klient) ist eine andere Vorgehensweise angebracht – sofern er nicht ganz therapieresistent ist.

V.8.2 Die Diagnose als krank oder gesund ist in manchen Fällen *kulturabhängig* (Wahnsinn als Heiligkeit, Homosexualität als Krankheit oder Normalität). Oft hängt sie auch von der verfügbaren *Technik* ab: Mit mehr Wissen, mehr Therapiemöglichkeiten, neuen Medikamenten nehmen auch die Krankheiten zu oder werden bestimmte Verhaltensweisen neu als Krankheit definiert.

V.8.3 Krankheit, das negative Phänomen, ist der positive Wert der Unterscheidung, der sich meist klar bestimmen lässt, *Gesundheit* der unbestimmte (Reflexions-)Wert. Eine positive Definition von Gesundheit, etwa als Zustand des vollständigen körperlichen, geistigen und sozialen Wohlbefindens (WHO), löst hingegen die Unterscheidung von krank und gesund auf: Tendenziell alle Menschen werden dann als krank erklärt und die Begriffe entwertet. Gesundheit lässt sich plausibel nur in Abgrenzung zu Krankheit, negativ definieren als Fehlen von Krankheit und Gebrechen oder als Fähigkeit, mit Krankheiten oder Gebrechen „normal“ leben zu können.

VI Glück

Sehnsucht strebt nach Glück, nach *Übereinstimmung mit der Welt* (einschließlich den Anderen und sich selbst), in der man das Leben als in sich selbst sinnvoll erfährt (so dass sich die Fragen nach Glück oder Sinn nicht, jedenfalls nicht als existenzielles Problem, stellen). Dieses Streben kann zu Ekstase, Zufriedenheit, aber auch Unzufriedenheit oder Melancholie führen. Aus der condition humaine ergeben sich allgemeine Glücksbedingungen, zusammengefasst: *Leidenslosigkeit und sinnvolle Beschäftigung*. Konkret strebt man heute Selbstverwirklichung in Arbeit, Freizeit, Liebe an, was mit zunehmendem Alter schwierig wird. Und angesichts von Leiden und Tod fragt sich, wie man das Leben bewerten soll.

VI.1 Ekstase, Zufriedenheit, Melancholie

Glück will man dauerhaft („alle Lust will Ewigkeit"). Großes, ekstatisches Glück ist aber nur *kurzzeitig* möglich, langfristig bestenfalls Zufriedenheit. Das kann *melancholisch* stimmen.

VI.1.1 Die Sehnsucht erfüllt sich im glücklichen Augenblick. In der *Ekstase*, höchsten Glücksgefühlen, erlebt man so etwas wie Vollendung – kurzzeitig, als Kontrasterlebnis, oft gefolgt von Ernüchterung, Verunsicherung, in der Liebe drohen oberflächliche Bindungen.

> **VI.1.1.1** Gegenextrem zu positiven Ekstasen als höchster Vollendung sind *Negativekstasen* des größten Unglücks, furchtbarer Angst, etwa Psychosen.

VI.1.2 Langfristiges Glück meint *Lebenszufriedenheit,* Zufriedenheit mit der gegenwärtigen, in die Zukunft fortgeschriebenen Situation. Sie geht auf Kosten der großen Glücksgefühle: Zufriedenheit als spannungsloser Zustand verhindert das Auf und Ab der Hochgefühle. Positiv, die Ausgeglichenheit, Sicherheit und Enttäuschungsvermeidung betonend, kann so Gelassenheit (für die meisten Philosophen) als Glück gelten – negativ gesehen, ist sie hingegen Resignation angesichts von Unerreichbarem und faktisch alltägliche *Gewohnheit*, Ersatz für Glück.

VI.1.3 Glück kann so Verschiedenes bedeuten. Je nachdem, was man gerade nicht hat, wird man, auch abhängig von der gesellschaftlichen Situation (Krisen- oder langen Friedenszeiten), Ekstase oder Zufriedenheit, Abenteuer oder Sicherheit anstreben. Sehnsucht bricht immer wieder aus, ist mit dem Ersehnten nur eine Zeitlang glücklich. Man *scheitert* (in Arbeit, Liebe), erleidet *Verluste* oder das Ersehnte wird *alltäglich*. Im Alltag zeigt ein unbestimmter Drang, „an sich" ziellos, ein Unbehagen an. Es kann sich als *ständige Unzufriedenheit* äußern, die sich an konkreten Dingen, nicht erfüllten oder steigerbaren Ansprüchen festmacht (am relativ schlechten Gehalt, der Position, dem uneinfühlsamen Partner). Oder man wird melancholisch.

VI.1.3.1 In der *Melancholie* erfährt man sich als heimatlos, einsam, fremd in der Welt, erfährt das *strukturelle Problem* der condition humaine: Solange der Mensch lebt, ist er „unabgeschlossen", nie völlig in der Gegenwart, Zufällen, Unsicherheit, Leiden und Tod ausgesetzt und sucht doch das dauerhafte Glück der Übereinstimmung mit der Welt. Der Melancholiker erlebt das Ungenügen der Gegenwart, erinnert sich trauernd an vergangenes Glück oder Verluste, ist skeptisch angesichts unumgänglichen, zukünftigen Leids und der Vergänglichkeit.

VI.1.3.1.1 Die Melancholie kann sich zur *Hintergrundstimmung* verstetigen: Glückserfahrungen sind dann melancholisch gebrochen.

VI.1.3.1.2 Bei Einzelepisoden kann man eventuell von einem Hoffnungsdefizit oder überzogenen Erwartungen des Melancholikers sprechen, nicht jedoch bei der Melancholie als Hintergrundstimmung, die die grundsätzliche Diskrepanz von Ersehntem und letztlich *unmöglicher Erfüllung* erfährt und an dieser Diskrepanz leidet.

VI.1.3.1.3 Melancholie kann leicht in *Depression* abgleiten. Sie wird deshalb auch oft zur Krankheit erklärt.

VI.1.3.1.4 Die Melancholie als Erfahrung der Ungesichertheit allen Lebens sollte „an sich" vor Enttäuschungen *schützen*. Kann man bei wichtigen Personen und Dingen aber den Verlust „realistisch" einbeziehen? Hilft eine „Vorwegnahme" beim Eintreten schwerer Verluste? Ist es vielleicht glücksversprechender, die Unsicherheit wie die Mehrheit der Menschen so lange wie möglich zu verdrängen?

VI.2 Allgemeine Bedingungen

Glück hat *allgemeine*, sich aus der condition humaine ergebende *Bedingungen*: Die Geworfenheit (so auch eine sichere Umgebung, Heimat) bedarf günstiger Zufälle, Leiden und Angst verhindern Glück, und zur Vermeidung von Langeweile bedarf es sinnvoller Beschäftigung.

VI.2.1 Glück ist zum Großteil *Zufall*, abhängig von nicht oder wenig beeinflussbaren Faktoren wie Geburtsland, Familie, Intelligenz, Schönheit, Gesundheit, und es lässt sich nicht direkt anstreben, wie ein Zweck erreichen, sondern stellt sich ein.

VI.2.1.1 Die *Glückforschung* nimmt an, dass das subjektive Befinden zu ca. 50% psychisch-biologisch (vor allem genetisch) bedingt ist, zu 10% von den Lebensumständen (Krankheit, Reichtum) und zu 40% von den Aktivitäten (was natürlich auch bezweifelt wird, ebenso wie die „set point theory", nach der sich die Zufriedenheit auf einem dauerhaft stabilen Wert einpendelt).

VI.2.2 Leben nimmt einen *Ort* ein. Für Glück im Sinne von Geborgenheit, Sicherheit steht der Begriff *Heimat*. Identität, Selbstbewusstsein können sich nur in sicherer, angstfreier

Umgebung bilden und bestätigen. Heimat ist der Ort, an dem es einem gut geht: „Ubi bene, ibi patria."

VI.2.2.1 Heimat (Verwurzelung, Sicherheit) kann aber auch negativ *Enge*, Abhängigkeit, Gruppendruck, *Zwang* bedeuten.

VI.2.2.2 Mit Heimat ist zugleich *Fremde*. Heimat schließt immer etwas aus.

VI.2.2.2.1 Nur aus der Sicherheit heraus kann man sich ins Unbekannte, Neue wagen. Wer, freiwillig oder unfreiwillig, in die Fremde zieht, hat es schwer, eine neue Verwurzelung zu finden. In fremder Umgebung hält die *Fremde*, insbesondere der Flüchtling, häufig an eigener Sprache und Tradition, der kulturellen Heimat, fest, grenzt sich von der Umwelt ab, verweigert die Integration, Assimilation, was durch Fremdenfurcht, ablehnende Haltung oder Überforderung der Einheimischen und Ausgrenzung verstärkt wird.

VI.2.2.2.2 Die oder das Fremde macht zugleich Angst und lockt als das Neue. Jede Heimat wird irgendwann Alltag, das Bekannte langweilig, was zu *Fernweh* führt, während der zu große Abstand in der Fremde *Heimweh* bewirkt.

VI.2.2.3 Von der condition humaine her gesehen, ist die ursprüngliche Heimat für den Menschen das *sprachliche* In-der-Welt-sein. Der Mensch ist in der Sprache und Welt zu Hause und zugleich dem Nichts, dem „Un-zuhause", „Un-heimlichen", ausgesetzt, das meist durch „Flucht" in die Heimat, die Welt, verdrängt wird.

VI.2.3 Wer nicht leidet, wer keine Angst hat, wer sich nicht langweilt und gute soziale Beziehungen pflegt, ist (normalerweise) zufrieden. Der Gegensatz zu Leiden – Leidenslosigkeit (vor allem Gesundheit) – bestimmt sich wesentlich negativ. Das gilt auch für Angstlosigkeit, für Vertrauen. Frei von Langeweile ist man hingegen, wenn man etwas Sinnvolles tut (was heute zugleich Selbstverwirklichung meint). Zufriedenheit (Glück) bedeutet *Leidenslosigkeit und sinnvolle Beschäftigung* (im weiten, soziale Beziehungen und heute Freizeit einschließenden Sinn).

VI.2.3.1 Da man auch unter fehlender sinnvoller Beschäftigung (etwa auch fehlender Freunde) leidet, sind die *Differenzierungen* innerhalb der Glücksphilosophie nur *grob* möglich. Unter Fehlendem leidet man, es gehört zu den subjektiven Grundbedürfnissen.

VI.2.3.2 *Leidenslosigkeit* (einschließlich Angstlosigkeit), die negative Bedingung, ist primär (Unglück, etwa eine Niederlage, schwerer zu ertragen als Glück, ein Sieg). Leiden verhindert Glück.

VI.2.3.2.1 Leiden kann durch einen umfassenden (vor allem religiösen) *Sinn*, aber auch weltliche Aufgaben sinnvoll gemacht, Glück so auch bei Leiden erfahren werden.

VI.2.3.2.2 Moralische Rücksichten oder *Pflichten*, die auf Kosten der eigenen Interessen gehen, insofern Leiden beinhalten können, bringen das Glück, moralisch gehandelt zu haben.

VI.2.3.3 Leidenslosigkeit erfordert positiv zumindest die *Erfüllung der Grundbedürfnisse.* Sie liegt im Interesse allen Lebens und wird beim Menschen, wo sie eine Aufgabe der Gesellschaft ist, heute durch die Menschenrechte zu garantieren versucht. Die Minimalmoral sichert notwendige Glücksbedingungen.

VI.2.3.3.1 Relativer *Wohlstand* als ein Grundbedürfnis lässt sich gezielt anstreben – eine Aufgabe der Politik –, kennt aber keine immanente Grenze, und mit steigendem Wohlstand kommt es zu *immer mehr* „Grundbedürfnissen". Nicht-materielle Bedürfnisse wie Liebe, Selbstverwirklichung werden wichtiger, ohne dass die materiellen abnehmen: Nach der Gewöhnung an ein Wohlstandsniveau gleichen sich die Erwartungen vielmehr nach oben an („hedonistische Tretmühle"), geht man von weiteren Steigerungen aus oder fürchtet sich vor Wohlstandsverlusten.

VI.2.3.3.2 „Objektiv" gute Verhältnisse beeinflussen die Zufriedenheit nur begrenzt. Man vergleicht sich mit der direkten Umgebung, beklagt seine relative Armut, die mehr stört als absolute Armut (solange sie nicht das Überleben gefährdet). Bei guten Lebensbedingungen kann so das Wohlbefinden schlecht („Unzufriedenheitsdilemma"), bei schlechten gut sein („Zufriedenheitsparadox"). Für die Zufriedenheit scheint die *subjektive Einstellung* (die persönliche „Lebenszufriedenheitskompetenz") bedeutsam. Je weniger Ansprüche man hat, umso eher ist man (ceteris paribus) zufrieden.

VI.2.3.4 Eine *sinnvolle Beschäftigung* erfährt Sinn in sich. Sie hat (wie ein Spiel) einen in sich sinnvollen *Rahmen* (Spielregeln) und als sinnvoll erachtete *Ziele* (wie Spielgewinn): Lineare Einzelepisoden kehren variiert zyklisch wieder. Arbeit, Unterhaltung, Liebe bieten eine solche Struktur.

VI.2.3.5 Die Glücksforschung benennt für heute viele *Glücksfaktoren*, als wichtigster gelingende soziale Beziehungen (Partnerschaft, Freundschaft, soziales Engagement), außerdem Gesundheit, sinnstiftende Tätigkeit, persönliche Freiheit, eigene Einstellung, ausreichendes Einkommen (auch Lebensziele, Lebensstil, Religiosität, „work-life-balance"). Laut Motivationspsychologie sind nach Erfüllung der primären Bedürfnisse Leistung (Herausforderung durch lösbare Aufgaben), Macht (Einfluss, Kontrolle, Status, Prestige), Zugehörigkeit (Anschluss, Bindung) die wichtigsten Handlungsmotive. Das alles lässt sich cum grano salis unter Leidenslosigkeit und sinnvoller Beschäftigung (Selbstverwirklichung) einordnen.

VI.3 Selbstverwirklichung

Als (positive) Glückgüter gelten traditionell Macht, Ehre, Reichtum (gegen die die Philosophie sich selbst oder Bildung stellte). Sie werden auch heute noch angestrebt, sind aber (mit Ausnahme relativen Wohlstands, jedoch nicht großen Reichtums) wenigen vorbehalten. Demokratisiert, für alle „an sich" zugänglich, zugleich eine gesellschaftliche Vorgabe, bedeutet gut leben *heute* (leidenslose) *Selbstverwirklichung in Arbeit, Freizeit und Liebe.* Defizite in einem Bereich lassen sich nur teilweise in einem anderen kompensieren, zumal die Bereiche oft in Konflikt stehen.

VI.3.1 *Arbeit* ist heute nicht einfach Einkommensquelle, sondern gehört zur Entfaltung des Menschen, soll Persönlichkeitsentwicklung, Sozialprestige, Sozialkontakte, Selbstbestätigung (materiell, psychisch: man wird gebraucht), Sinn sichern und sorgt für die Strukturierung des Lebens (den Tages-, Jahresablauf). Sie ist heute quasi ein Menschenrecht, das politische Ziel Arbeit für alle.

VI.3.1.1 Der heutige Arbeitsbegriff begreift *alle Tätigkeiten* ein, unterscheidet nicht mehr zwischen gering geschätzter (mühseliger) Arbeit (mit der Utopie einer Befreiung von Arbeit) und hochgeschätzter Muße und Kontemplation, sondern zwischen Arbeit und Freizeit. Die Unterscheidung *Arbeit/Freizeit* strukturiert das individuelle Leben.

VI.3.1.1.1 Auch der Rentner oder *Arbeitslose* zieht für sich eine Grenze zwischen Arbeit und Freizeit – was angesichts objektiver gesellschaftlicher Überflüssigkeit mehr oder weniger gut gelingt.

VI.3.1.2 Selbstverwirklichung in der Arbeit ist angesichts oft wenig anspruchsvoller, unbefriedigender, „entfremdeter" Arbeit für viele schwierig, und Arbeit ist auch (mehr oder weniger) *Zwang*. Als vorrangiges Glücksgebiet gilt deshalb die Freizeit.

VI.3.1.2.1 Anspruchslosigkeit bei der Arbeit als Zufriedenheitsbedingung bedeutet (zynisch): „Dumm sein und Arbeit haben: das ist das Glück." (Benn)

VI.3.2 In der *Freizeit* werden (glücksbringende, nicht-alltägliche) Erlebnisse gegen die drohende Langeweile gesucht, muss „überflüssige", nicht durch Arbeit gefüllte Zeit vernichtet werden. Die Arbeitsgesellschaft hat mit zunehmendem Wohlstand als Ergänzung die *Erlebnisgesellschaft*. Unterhaltung (Vergnügen, Spaß) als anerkanntes Ziel und Motiv bieten „Kultur" (Massenmedien, Film, Theater, Literatur, Musik, bildende Kunst, auch Religion), Spiele, Sport, Feste, Reisen.

VI.3.2.1 *Spiele* werden „an sich" um ihrer selbst willen gespielt oder angeschaut, sind in sich selbst sinnvoll (professionelle Spiele sind ein Hybridphänomen, für die Spieler Arbeit). Spielen macht Spaß, bringt Glück, entspricht der Struktur sinnvoller Beschäftigungen (lineare Ausrichtung des Einzelspiels innerhalb der durch die Regeln ermöglichten „unendlichen" zyklischen Wiederkehr des Spiels).

VI.3.2.1.1 Ein Spiel ist die Gesamtheit seiner „grundlosen" *Regeln und Symbole* (sie sorgen für Gründe innerhalb des Spiels, etwa gute/schlechte Züge). Die *autonome* Spielrealität hat (außer im Fall der bewussten Realitätsimitation) nichts mit der sonstigen Realität zu tun (nur, dass sie in ihr möglich ist). Spielsymbole repräsentieren nur die Spielrealität (Schachfiguren also nicht etwa Kräfte, sondern die Schachregeln). Sie bildet eine eigene Welt mit eigenen Tatsachen, in der man „versinken" kann.

VI.3.2.1.2 Spiele sind außeralltäglich. Als Teil der Unterhaltung werden sie *ästhetisch* – schön/hässlich, gelungen/misslungen – bewertet.

VI.3.2.2 *Sport* bezieht sich auf „zweckfreie", „spielerische" körperliche Leistungen (als Wettkampfsport mit dem

Code Gewinnen/Verlieren). Seine Bedeutung wächst unter anderem wegen der Körperverdrängung bei der Arbeit.

VI.3.2.2.1 Zuschauer können sich mit Sportlern, vor allem mit Mannschaften *identifizieren*, was Teil der eigenen Identität werden kann. Nationalmannschaften bieten zudem einen Ersatz für Patriotismus, Nationalismus.

VI.3.2.3 *Feste* wollen die Spannung von Individuum und Gemeinschaft im Gemeinschaftserlebnis aufheben.

VI.3.2.3.1 *Traditionelle* Feste betonen und bestätigen die religiöse, nationale, regionale, Vereins-, Arbeitsgemeinschaft und die *gemeinsame Wertordnung* (teils auch durch zeitweise Aussetzung, Umkehrung, Grenzüberschreitungen). Noch heute *gliedern* sie das *Leben der Einzelnen*: Geburtstage, Jugendfeiern, Hochzeiten, Jubiläen, ebenso Todesfeiern bestätigen Familien-, Freundesbande.

VI.3.2.3.2 *Gesellschaftlich* sind Feste heute *entbehrlich* (Fußballmeisterschaften – etwas für die Gesellschaft Überflüssiges – wurden zu regionalen und nationalen Events), jedoch nicht für die Einzelnen, die Glück in der Übereinstimmung mit Anderen suchen.

VI.3.2.3.3 Anstelle und neben Feste, die den Alltag überhöhen und bestätigen, treten heute *Events*, die den Alltag fliehen. Events geht es um das *Feiern um des Feierns willen* (womit das Fest, von „höheren" Anlässen freigesetzt, „zu sich selbst" kommt). Events bestätigen weniger eine Gemeinschaft, als dass sie sie kurzeitig über gemeinsame Freizeitinteressen schaffen. Sie bieten einen Rahmen für individuelle Erlebnisse in einer *Szene*: Im Event vergewissern sich Szenen ihrer gemeinsamen ästhetischen Interessen. Das Ästhetische (Sport, Spiel, Musik), das einst Teil des Festes war, wird zu seinem Inhalt.

VI.3.2.3.4 Schon traditionell drohte das Fest durch seine Wiederholungen in Leerlauf, *Routine*, Langeweile zu versinken und war der „höhere“ Sinn oft nur Fassade (etwa in Bayreuth). Als quasi Dauerereignis verstärkt das Event diese Tendenz – und versucht ihm durch immer neue Events zu entkommen.

VI.3.2.4 *Reisen* verbindet Nähe und Ferne, Heimat und Fremde und gehörte für die, die es sich leisten konnten, schon immer zur Freiheit, zum Glück.

VI.3.2.4.1 Im Reisen lebt man *nicht-alltäglich*, flüchtet vor dem Alltag in die Fremde und vergleicht sie mit der Heimat. Auf der Suche nach Glück, einer gelingenden Lebensform, konfrontiert man sich mit faszinierenden, idealisierten, aber auch schrecklichen Lebensformen, sucht Orte mit Besonderheiten, besonderer *Aura*, die oft nach einem fiktiven Bild und nur zeitweise (so angstvermeidend) erlebt werden (zieht man in die Fremde wird sie zum Alltag).

VI.3.2.4.2 Heimat ist „Flucht“ vor dem Tod in die Geborgenheit einer Welt. Sie wird zum Alltag und in der Reise geflohen. Die Reise ist auf eine *doppelte Fluchtbewegung* gegründet: Vor dem Tod flieht man in eine Heimat und von der Heimat in die Ferne und zurück. Der Mensch ist immer „unterwegs“, „auf der Reise“.

VI.3.2.4.3 Welche Art von Reise, von Ausgleich von Ferne und Nähe, gesucht wird, unterscheidet sich *individuell*: Die Eine reist um die ganze Welt, die Andere nur bis zu ihrem Schrebergarten.

VI.3.3 *Liebe im weiten Sinn* ist ein anderer Ausdruck für Glückssuche, die ihre Abhängigkeit von Anderen oder anderem einbezieht. Liebe ist *Sehnsucht nach „Ganzheit“*, strebt nach (dauerhafter) *„Ergänzung“* durch die oder das Geliebte (Gott, Kinder, Nation, Fußball oder auch Arbeit). *Im engeren Sinn* und als Hauptglücksgebiet (insbesondere auch zur Kompensation unbefriedigender Arbeit) meint und sucht Liebe die *Zweierbeziehung*, bei der Sehnsucht (Verliebtheit) auf Sehnsucht trifft und mit der Geliebten verschmelzen will.

Teilweise können *Freundschaften* (die die antike Philosophie als vorrangig ansah) als funktionales Äquivalent dienen.

VI.3.3.1 Liebende Sehnsucht motiviert zu Bindungen und hält sie (mehr oder weniger lang) aufrecht. Vor allem soll die Dauerhaftigkeit aber durch *Institutionalisierung* (Kirche, Ehe, Nationalfeste, Meisterschaften) gesichert werden.

VI.3.3.2 Die Person „zerfällt" heute in einzelne Rollen. Die *Zweierbeziehung* kompensiert das im Privaten. Ihre Funktion liegt in der *Bestätigung der „ganzen" Person*, ihrer Eigen- und Weltsicht, ihrer Identität, in der „Komplettberücksichtigung", die die Gesellschaft nicht mehr leistet. Das *Medium Liebe* motiviert dieses besondere, „an sich" unwahrscheinliche Verhalten (normalerweise wird die gemeinsame soziale, nicht die persönliche Welt bestätigt). Mit dem Code: *Wir/Rest der Welt* und der *Sexualität* (Körperbezug) grenzt sich ein Paar als Intimsystem von seiner Umwelt ab. Die Möglichkeiten werden durch die Begrenzungsformel: *Monogamie* (die – problematische – gesellschaftliche Vorgabe) oder zumindest eine kleine Anzahl von Intimpartnern beschränkt.

VI.3.3.2.1 Mit der Zeit wird die Unterstellung einer gemeinsamen Welt (die Konsensfiktionen zu Beginn einer Beziehung) fraglich. Liebe, die sich an der gegenseitigen Individualität entzündet und sie zunächst bestätigt, gerät mit ihr in Konflikt (Komplettberücksichtigung bedeutet dann negativ: Man mischt sich in alles ein). Die Außenabgrenzung wird durch die Binnenbeobachtung Eigeninteressen/*Rücksichten* ergänzt (handelt die Andere mit Rücksicht darauf, wie ich etwas erlebe, oder will sie immer nur ihre Interessen durchsetzen).

VI.3.3.2.2 Beziehungsprobleme können durch *Kommunikation*, die eine eigene Dynamik entwickelt, nur begrenzt beigelegt werden – sonst gäbe es keine Scheidungen. Jede Art von Kommunikation kann in der Beziehung als Kommentar zur Beziehung verstanden werden – was die Eine als „bloße" Information meint (oder auch zu meinen vorgibt) oder als situationsbestimmte Handlung sieht (etwa Verspätung), versteht die Andere auf Beziehungsebene oder als Rücksichtslosigkeit. Unterschiedliche Bedürfnisse, unterschiedliches Erleben (etwa der Sexualität) werden teils nicht kommuniziert – die Liebe sucht Einigkeit – oder führen, offengelegt, zu Konflikten, im günstigen Fall zu Aushandlungsprozessen, zur Partnerschaft.

VI.3.3.3 Eine (gute) Liebesbeziehung, das *Skript*, die Verhaltensvorschrift Liebe meint heute, neben der *gemeinsamen Weltsicht* und dem Zurückstellen eigener Interessen (*Rücksicht*), eine *positive Grundeinstellung* zur Anderen (Wohlwollen, Vertrauen, Respekt, Interesse, Verständnis), als liebesfremdes, weil auf Aushandeln, Eigeninteressen beruhendes Element *Partnerschaft* (Gleichberechtigung) sowie (sexuelle) *Intimität*, eingeschlossen mehr oder weniger Leidenschaft (Gefühle). Bis auf Intimität gilt das Skript auch für *Freundschaften*. Liebe ist Freundschaft und Intimität, wobei im Unterschied zu Freundschaften alles gefühlsbeladener ist.

VI.3.3.4 Die Liebesbeziehung ist heute von sonstigen Rücksichten (weitgehend) freigestellt (die Gesellschaft sorgt nicht mehr für den Zusammenhalt, sondern regelt nur noch die Folgen einer gescheiterten Beziehung). Die anfängliche Sehnsucht und Leidenschaft, die *Verliebtheit*, Liebe als *Gefühl* (wie sie meist verstanden wird), droht das Skript zu dominieren und die Beziehung zu sprengen.

VI.3.3.4.1 Leidenschaft, die Erfahrung ekstatischer Momente, nimmt mit der Zeit zwangläufig ab. Liebe als Gefühl erfährt nur *zeitweise* Glück. Das (ernstgemeinte) Versprechen ewiger Liebe gilt nur für den Augenblick (ein Grund für Melancholie). Leidenschaft und Dauer stehen im Widerspruch. Er zeigt sich auch als Bindungssehnsucht und Bindungsangst (Angst vor Eigenständigkeits-, Freiheitsverlust).

VI.3.3.4.2 Eine Beziehung beruht nicht nur und langfristig nicht hauptsächlich auf Intimität und Leidenschaft. Dauerhafte Liebe als Gefühl ist Verliebtheit, die sich „normalisiert", also eine gedämpfte oder „nur" noch zeitweise aufflackernde Leidenschaft. Die *Freundschaftselemente* gewinnen an Gewicht – was erklärt, dass arrangierte Ehen (gegen die sich Verliebtheit als funktionales Äquivalent erst durchsetzen musste) gut verlaufen können.

VI.3.3.4.3 Für das Zusammenbleiben spielen *Gewohnheit, Angst vor dem Alleinsein* eine Hauptrolle. Außerdem werden, mehr oder weniger bewusst, die Güte der Beziehung, bisherige materielle und emotionale Investitionen sowie die Alternativen gegeneinander abgewogen (*Investitionsmodell).*

VI.3.3.4.4 Das Zusammenwohnen bringt *Alltagszwänge* und viele potenzielle Streitpunkte, verschärft durch die öfters neu auszuhandelnde Partnerschaft, mit sich. Zur Abmilderung der Konflikte und zum längeren Erhalt der Leidenschaft muss der Exklusivitätsanspruch (alles miteinander tun und teilen) aufgegeben und *Distanz* gewahrt werden, und zwar am besten durch getrennte Wohnungen (man prüfe das so: Mit welchem langfristig zusammenlebenden Paar möchte ich tauschen?). Die Beziehung wird so weniger zur alltäglichen Selbstverständlichkeit.

VI.3.3.4.5 *Serielle Monogamie* als Standardantwort auf eine abgeflaute Beziehung und neue Verliebtheit ist, sofern ein Paar noch gut miteinander auskommt, moralisch *rücksichtslos*, behandelt die Andere als beliebig austauschbar und wiederholt in einer neuen Beziehung die alten Probleme. Die unrealistische sexuelle Treueforderung ist durch *Solidarität* (Verlässlichkeit) als moralische Grundlage der Beziehung zu ersetzen. Statt sich zu trennen, sollte man sich an „gleichberechtigte" Mehrfach-, realistisch: *Doppelbeziehungen* gewöhnen – ein bloßer Geliebtenstatus nimmt die Andere nicht als „ganze" Person ernst. Mit zwei Beziehungen lassen sich auch die jeweiligen Eigenheiten besser ertragen und die Ansprüche – man hat realistische Vergleiche – herunterschrauben. Dabei droht allerdings Eifersucht.

VI.3.3.5 *Eifersucht* ist in allen engen Beziehungen wegen hoher Erwartungen, in Zweierbeziehungen wegen ihrer Tendenz zur Totalität hochwahrscheinlich, oft unvermeidlich. Eifersucht ist („kognitiv") eine *enttäuschte Erwartung* (also kein Zeichen von Liebe – Liebe will der Anderen Gutes): Die Aufmerksamkeit, die man erwartet oder erhielt, wird durch andere Beziehungen in Frage gestellt. Man erfährt sich auch im persönlichen Bereich als nicht einzigartig oder ersetzbar – was das Selbstbewusstsein, die Ichidentität angreift und starke Gefühle, (oft zugleich) Ärger, Wut, Angst, Traurigkeit, hervorruft.

VI.3.3.5.1 Da Erwachsene heute Beziehungen freiwillig eingehen und sie keine sozial einklagbaren Besitzansprüche, kein Recht auf eine Bindung, mehr begründen, ist Eifersucht nur noch *verständlich* oder *unverständlich* (krankhaft). Es gibt (bei Erwachsenen – Kinder haben Anspruch auf altersgerechte Behandlung) keine berechtigte oder unberechtigte Eifersucht mehr (beim Neid ist hingegen der Übergang zum Gerechtigkeitssinn, zur berechtigten Empörung angesichts ungerechter Besitzverhältnisse, fließend).

VI.3.3.5.2 *Handeln* aus und *Kommunikation* von (starker) Eifersucht sind fast immer destruktiv (deutlich bei Gewaltreaktionen). Schuldzuweisungen (an Geliebte oder Rivale) sind Versuche, das angeschlagene Selbstbewusstsein durch Externalisierung zu stabilisieren.

VI.3.3.5.3 Obwohl Eifersucht heute keine Funktion mehr erfüllt, wird man sie oft nur schwer los. Man kann lernen, *mit ihr zu leben*, wenn es gelingt, das Selbstbewusstsein wiederaufzubauen, ist doch die Stärke der Eifersucht davon abhängig, wie stark der eigene Selbstwert gesunken und wie groß die Verlustängste sind.

VI.3.3.5.4 Der Gegensatz zu Eifersucht ist *Toleranz*. Wird jedes Verhalten akzeptiert, wird Toleranz jedoch zur Gleichgültigkeit. Die nur praktisch zu beantwortende Frage ist, wie weit Toleranz gehen kann, ohne eine Beziehung aufzulösen.

VI.4 Alter

Die gesellschaftliche Glücksformel „Selbstverwirklichung" bleibt auch der Orientierungspunkt im *Alter*.

VI.4.1 *Idealbild* ist der jung gebliebene, gesunde, aktive und deshalb *autonome* alte Mensch. Teils gilt Alter gar als Freiheitsversprechen (von Arbeit), als Möglichkeit der Persönlichkeitsentfaltung.

VI.4.2 Das Gegenbild des *Unglücks* wird mit zunehmenden Alter jedoch wahrscheinlicher: Arbeit als Sinn „funktioniert" nicht mehr, man ist gesellschaftlich überflüssig (nur noch als Konsumierende gefragt). In der Liebe ist man, zumindest bezüglich Hochgefühlen, desillusioniert. Man vereinsamt, altert nicht nur physisch, sondern auch kulturell, die Abhängigkeiten (wegen Gebrechen, Krankheiten) nehmen zu, und das Leben (und Sterben) im Alters- oder Pflegeheim droht. Sinnfragen drängen sich auf.

VI.4.3 Die Gesellschaft sieht ein „natürliches" *Lebensende* für die Alten vor. Theoretisch können kranke Alte zwar über ihren Tod mitbestimmen, faktisch gibt jedoch in der Mehrzahl der Fälle die Gesellschaft (Politik, Recht, Medizin) das Behandlungsmodell – Ausharren – vor und erlaubt meist nur passive Sterbehilfe (durch Abbruch einer Behandlung oder „Nebenwirkung" eines Medikaments). Das Überleben genießt den höchsten rechtlichen Schutz: Auch den nicht mehr lebenswilligen Alten werden alle möglichen Hindernisse in den Weg gelegt.

VI.4.4 Im Falle von *Demenz* orientiert man sich – fälschlicherweise – an den Normalzuständen und versucht die Dementen, oft gegen ihren Widerstand, zu aktivieren und so lange als möglich im bisherigen Leben festzuhalten.

VI.4.4.1 Demente finden sich in der bisherigen Umgebung nicht mehr zurecht, verlieren mit der Sprache auch die Weltbezüge, werden immer hilfloser, unglücklicher, leben als einsame Fremde, *ungeborgen*, in der Welt.

VI.4.4.1.1 Mittels *Drogen* (Opiate, Cannabis) oder *Psychopharmaka* sollten Demente von ihren Ängsten und ihrer Umtriebigkeit entlastet werden, so dass sie zufrieden den Tag verdämmern und ihre Ungeborgenheit vergessen könnten.

VI.4.4.1.2 Für die *Endphase* (Bettlägerigkeit, Nahrungs-, Flüssigkeitsverweigerung) sollten Kriterien für erlaubte Tötungen vorgegeben werden.

VI.5 Bewertung des Lebens

Nachmetaphysisch sind Leben und Sprache jenseits von Sinn, weder sinnvoll noch sinnlos, auch Leiden und Tod ohne „höhere" Rechtfertigung, durch die Unterscheidung von Glück und Unglück aber nicht jenseits von wünschenswert/unerwünscht. Anstelle der Sinnfrage tritt die *Bewertung*, die Frage nach der Wünschbarkeit des Lebens.

VI.5.1 Sub specie aeternitatis oder besser: der Endlichkeit ist das Leben ein *kurzes Aufleuchten* aus dem umfassenden Nichts, ob und wie lange es lebt, unbedeutend.

VI.5.1.1 Aus dem zwangsläufigen Tod folgt *kein Vorzug* von Leben oder Tod. Man lebt nicht, *um* zu sterben, sondern man lebt *und* stirbt.

VI.5.2 Da alles Leben endet und als bewusstes mit Schmerzen einhergeht, fragt sich, wozu der „Umweg" vom Nichts ins Leben ins Nichts gut sein soll. Die höchsten Glücksmomente sind selten, und auch Zufriedenheit ist immer bedroht. *Wenn* man *Leidensvermeidung* als vorrangig ansieht, ist das Nichts dem Leben vorzuziehen: Leiden muss dann nicht ertragen werden, und möglicherweise entgangenes Glück (ebenso das Nichtsein) wird nicht als Verlust erlebt. Ausgehend von Endlichkeit und Leiden gilt: Das *Leben wäre besser nicht.*

VI.5.2.1 *Leben lebt, um zu leben.* Der Erhalt des Lebens ist eine natürliche Tendenz, die sich meist auch gegen Unglück, gegen Schmerzen durchsetzt.

VI.5.2.1.1 Auch wenn man das Leben „an sich" als unerwünscht ansieht, hat faktisch der Lebenserhalt Vorrang: Wegen *theoretischer Überlegungen* allein bringt man sich nicht um. Dazu braucht es (subjektiv) starkes Leiden.

VI.5.2.2 Die meisten Menschen *bejahen* ihr Leben. Neben dem natürlichen Lebenserhaltungsdrang und der Verdrängung von Angst, Leiden und Tod tendiert schon die *Faktizität* – dass man lebt, dass man sich in Sinn bewegt – zur Bejahung und Unterstellung der Sinnhaftigkeit des Lebens. Negative Ereignisse werden, wenn möglich, *positiviert*, etwa als notwendiger Entwicklungsschritt gesehen (der Melancholiker tendiert umgekehrt dazu, im Positiven das Negative zu sehen).

VI.5.2.2.1 Die *Lebensbejahung* ist eine *individuelle* Entscheidung. So lässt es sich nicht allgemein rechtfertigen, die höchsten Glücksgefühle auch auf Kosten großer Schmerzen anzustreben. *Leidensvermeidung* ist hingegen ein *allgemeines* Ziel (woraus sich allerdings kein Vorrang des Nichts für die Lebenden ergibt – aber für die Nicht-Geborenen).

VI.5.2.3 Nachmetaphysisch fällt mit jeder „höheren" Rechtfertigung des Lebens auch jeder „höhere" Grund für die Zeugung von *Kindern*.

VI.5.2.3.1 (Gewollte) Kinder hat man aus Tradition oder weil sie dem eigenen Leben Sinn, jahrelange Beschäftigung geben – aus *egoistischen* Gründen. Ein moralisches Problem wird darin nicht gesehen.

VI.5.2.3.2 Die *Zeugung* „an sich" ist *moralisch neutral*, verstößt gegen und fördert keinerlei Interesse. Die Zeugung geschieht aus dem Nichts, in dem niemand ist, also auch kein Interesse an Hervorbringung. Erst mit der Geburt entstehen Interessen, die Verpflichtung, sich bestens um die Kinder zu kümmern.

VI.5.2.3.3 Mit der Geburt wird eine Person ins Leben gezwungen, *Gewalt* (und noch lange Erziehungszwang) ausgeübt. Gewaltanwendung bedarf der Rechtfertigung.

VI.5.2.3.4 Wer ein Kind zeugt, kann auch unter besten Verhältnissen nicht garantieren, dass es glücklich oder zufrieden wird, setzt es aber zwangsläufig Leiden und Tod aus. Kinder bringen neues Leiden (eigenes und fremdes) in die Welt. Wegen ihrer *Folgen* ist die Zeugung *unmoralisch* (dass die meisten Menschen ihr Leben bejahen, sagt nichts über die Moralität der Zeugung).

VI.5.2.3.5 Wer kein Kind zeugt, hält ihm mögliches Glück vor, bewahrt es jedoch vor sicherem Leiden. Geschädigt wird dabei niemand. Zukünftige Leiden können und sollten schmerzlos durch *Fortpflanzungsverzicht* verhindert werden – wogegen allerdings starke traditionelle, gesellschaftlich unüberwindliche Vorstellungen stehen.

VI.5.3 Angesichts von unumgänglichem Leiden und Tod ist eine *suizidale Neigung* „an sich" genauso natürlich wie der Drang zum Lebenserhalt. Insbesondere im *Unglück*, in Leidenssituationen, ist der *Gedanke* an Suizid naheliegend und tröstend (was oft zur Überwindung einer Krise reicht). Der Tod erscheint dann als Befreiung – allerdings „faute de mieux", weil das Leben nicht (mehr) lebenswert ist, nicht als „an sich" begrüßenswert.

VI.5.3.1 *Gesellschaftlich* wird Suizid heute im *Alter* und bei schwerer *Krankheit* akzeptiert. Andere Leidenssituationen gelten als vorübergehend und nicht „suizidwürdig", ein langes Leben als wünschenswert – was nachmetaphysisch nicht überzeugt: Nur die *Einzelne* selbst kann über die Wünschbarkeit ihres Lebens entscheiden.

VI.5.3.2 Da der Lebenserhalt für die Gesellschaft und die meisten Menschen Vorrang genießt, erscheint die suizidale Neigung als Abweichung von der Norm, als Krankheit. Und weil Suizid keine in Hochstimmung begangene Handlung ist, stößt man bei Suizidversuchen immer auf einen Zusammenhang mit *psychischen Problemen*, vor allem depressiven Stimmungen. Suizidäre werden deshalb (und weil es keinen anderen Ort geschlossener Unterbringung für Nicht-Kriminelle gibt) psychiatrisch behandelt.

VI.5.3.3 *Soziale Rücksichten* können gegen einen Suizid sprechen (auch gegen „harte" Methoden wie Eisenbahnsuizide). Den eigenen Tod stirbt man, die Anderen müssen mit ihm leben.

VI.5.3.4 Eine säkulare, liberale Gesellschaft müsste von ihrem Eigenanspruch her jeder den *Suizid freistellen* und einen legalen Erwerb von Suizidmitteln (etwa nach einer Zwangsberatung) ermöglichen. „Harte" Suizide würden so vermieden, Sterbehilfe weitgehend überflüssig (und damit auch die Ärzte entlastet, die grundsätzlich im Dienst des Lebens stehen).

VII Philosophie

Philosophie ist eine Strategie der *Angstbewältigung*, der Versuch, die Angst vor dem Unvertrauten, Unbekannten, Übermächtigen, Unberechenbaren wie Leiden und Tod „rein" *denkerisch* (statt mittels Mythen, Magie, Glauben) zu bewältigen. Dabei redet sie meist nicht ausdrücklich von Angst. Philosophie zielt auf das Allgemeine, das allem Zugrundeliegende, auf erste (oder letzte) *Grundphänomene*. Sie will die *condition humaine*, die Verfassung des Menschen, verstehen und ihn mit sich selbst und seiner Welt vertraut machen. Traditionell teilt sie sich in theoretische und praktische Philosophie. Während Metaphysik Sicherheit in einem vorgeblichen Gesamtsinn findet, geht nachmetaphysische Philosophie von der Sprache aus und ist mit den Fixpunkten Leiden und Tod Existenzphilosophie.

VII.1 Denken

Konzentriertes, geordnetes, auf ausdrückliches Verstehen zielendes *systematisches Denken*, so Philosophie, ist eine *Ausnahmeerscheinung*. Das alltägliche Denken springt die meiste Zeit assoziativ, zufällig und ungeordnet von einem zu anderem. Hauptthemen sind die alltäglichen „Belanglosigkeiten". Lange Gedankenketten werden erst in der Niederschrift und beim Lesen möglich, die ein geordnetes Fortdenken ohne oder trotz störender Abschweifungen erlauben.

VII.1.1 Konzentriertes Denken setzt ein bestimmtes Maß an Sicherheit, *Vertrauen* voraus. Die Angst muss schon abgeschwächt oder verdrängt sein, um sie denkend bewältigen zu können. Von einer sicheren Basis aus kann das Unbekannte auch verlocken, *neugierig* machen, oder, wie es die Philosophen positiv ausdrücken: Sie *staunen* – und verdrängen ihre Herkunft.

VII.1.2 Schwierige Gedankengänge spielen im Alltag keine Rolle oder werden *banalisiert*, in der Politik auf Schlagworte oder einfache Unterscheidungen reduziert, teils verfälscht. Erst in dieser Form können sie Einfluss auf die Gesellschaft nehmen (Philosophen sind daran durchaus beteiligt, haben aber oft umgekehrt die Tendenz, einfache Sachverhalte zu verkomplizieren).

VII.1.3 Denken legt die Verneinung, Gegenpositionen nahe. Philosophie ist so wesentlich *Kritik*. Philosophen stellen sich gegen die Tradition oder interpretieren sie neu und lehnen Konkurrenzunternehmen, wenn nicht als falsch, so doch als einseitig ab: Ihre Prinzipien oder Unterscheidungen gelten als bloß konstruiert, imaginär, überflüssig (wie Erscheinung/Ding an sich), während sie das Wichtigste – das richtige metaphysische Prinzip, nachmetaphysisch: das Sein, die Sprache, das Nichts – vernachlässigen oder nicht sehen.

VII.1.3.1 Die ständigen Neuansätze interpretieren Grundbegriffe wie Natur, Leben, Welt, Mensch, Liebe immer wieder um. Philosophie fängt gewissermaßen immer wieder von vorne an – in Abgrenzung und Kritik der vorangegangenen Definitionen. Deshalb spielt *Philosophiegeschichte* eine wichtige Rolle.

VII.1.4 Konzentriertes Denken dient zu *Problemlösungen*, versucht angesichts von Unsicherheiten, Alternativen richtige Handlungen auszumachen, die *Praxis* anzuleiten – was „an sich" auch Philosophie will.

VII.1.4.1 Philosophie ist ein möglicher, aber meist *nicht* besonders *wirksamer* Bestimmungsgrund der Praxis. Faktisch interessiert Philosophie (insbesondere Universitätsphilosophie) nur eine kleine Minderheit. Philosophie ist ein Spezialdiskurs, meist ohne Anschluss an sonstige Kommunikation. Mit ihr lässt sich allerdings jede Praxis *legitimieren*.

VII.2 Theoretische und praktische Philosophie

Jedes Denken ist als Denken zwangsläufig theoretisch. Die Philosophie bildete aber eine dem „reinen" Denken gewidmete *theoretische* Disziplin und eine Disziplin für *praktische* Fragen aus.

VII.2.1 Die *theoretische* Philosophie nimmt den größten Raum ein. Die Neugierde motiviert zu einem Verstehen um des Verstehens willen. Die Fragen nach den Grundstrukturen von Kosmos, Mensch, Denken stellen sich auch unabhängig von praktischen Zielsetzungen. Die Kluft zu praktischen Problemen (die in der Antike verdeckt wurde, indem man das „reine" Denken zur höchsten *Tätigkeit* erklärte) deutet aber auch darauf hin, dass eine philosophische, also auf den Menschen „an sich" bezogene Handlungsanleitung schwierig oder unmöglich ist.

VII.2.1.1 Der Akzent auf theoretische Philosophie verstärkte sich in der Neuzeit, als *Erkenntnistheorie* (mit dem praktischen Ziel, metaphysische Spekulationen auszuschalten) vorrangig und existenzielle Fragen auch aus der praktischen Philosophie ausgeschieden oder zur Nebensache wurden.

VII.2.2 In der *Antike* verstand sich praktische Philosophie als *umfassende Ethik* (Moral- und Glücksphilosophie), die den Weg zum Glück offenlegte. Wenn man der Vernunft folgte und moralisch handelte, war man (objektiv) glücklich. Glück und Moral lagen nicht in Konflikt. Mit der *Neuzeit* wurde Glück zur individuellen, gegenüber der Moral nachrangigen Sache, Ethik zur *Moraltheorie* (Moralbegründung und Metaethik). Mit der ökologischen Problematik und den technischen Herausforderungen in allen Bereichen hat die Ethik, von der man sich, vor allem außerhalb der Philosophie, Handlungsanleitungen, in der Politik Legitimationshilfe erhofft, einen inflationären Aufschwung erlebt – sowohl inhaltlich (sie gilt für immer mehr Probleme zuständig) als auch institutionell.

VII.2.2.1 Ethik sah seit der Neuzeit ihre Hauptaufgabe in der *Moralbegründung*. Ein Begründungsversuch zeigt jedoch die Nichtverbindlichkeit einer Moral an. Eine verbindliche, emotional verankerte Moral braucht als selbstverständlich gerade keine Begründung, und Begründungen überzeugen nur innerhalb eines selbstverständlichen, gewissen Rahmens. Moralisches Handeln ergibt sich aus der Lebensform, nicht aus Begründungen. Jede Moral fußt auf unhinterfragten Grundüberzeugungen (Diskursethik oder „Gerechtigkeit als Fairness" etwa auf einer liberal-demokratischen Weltsicht), deren Selbstverständnis und Konsequenzen „Begründungen" erläutern.

> **VII.2.2.1.1** *Allgemein anerkannte Normen* (wie Nachhaltigkeit) sind (mit Ausnahme der grundlegenden Menschenrechte) so *abstrakt* formuliert, dass sich in strittigen Fällen (Kernkraft) jede auf sie berufen kann. Umgekehrt lassen sich *konkrete Festlegungen* in jedem Fall durch allgemeine Prinzipien und die *passende Moral* begründen (die liberale Ethik rechtfertigt Abtreibungen mit dem individuellen Entscheidungsrecht, den Interessen der Frauen, die konservative verweist auf die Heiligkeit des Lebens).

VII.2.2.2 Die *Metaethik* beschreibt Eigenheiten aller Moralurteile. Alle Wertungen sprechen *universale* Empfehlungen aus, verallgemeinern (was ohne inhaltliche Kriterien aber keine weltweite, in diesem Sinne universale Moral beinhaltet: Moral kann sich auf Teilgruppen – *alle* Volksangehörigen – beschränken). Nicht verallgemeinerbare Fragen (der jeweiligen Kultur, etwa Sexualität in liberalen Staaten) werden damit aus der Moral ausgeschieden. Im Gegensatz zu Wertungen sind Beschreibungen hingegen „an sich" neutral, faktisch allerdings von Wertungen durchsetzt (und jede Wertung enthält umgekehrt Beschreibungen). Wertung besteht in der Auswahl eines

Bewertungskriteriums, wobei das Kriterium oft unthematisch, im Begriff mitverstanden ist, Wertungen als bloße Beschreibungen missverstanden, „*naturalistische Fehlschlüsse*“ begangen werden. Alle Ansätze, die aus Vorgegebenem (Natur, Vernunft, Kommunikation, Handeln) eine implizite Moral ableiten wollen, lesen so in „an sich“ neutrale Phänomene Wertungen hinein (Kant leitete u. a. die Todesstrafe aus „der“ Vernunft ab; als Ziel der Kommunikation wird Konsens behauptet; weil Handeln ohne Grundgüter nicht möglich ist, bestehe ein Anrecht darauf).

VII.2.2.2.1 Auch die Metaethik ist nur aufgrund ihrer Gewissheiten plausibel. Sie ist ein *wissenschaftliches* Unternehmen, das von den Selbstverständlichkeiten der Wissenschaft – Wertfreiheit des Seienden – ausgeht und sie erläutert (und deshalb zu Recht Moralbegründungen aus „bloßen“ Beschreibungen verwirft).

VII.2.2.3 Die heute breit aufgestellten *Bereichsethiken* beschreiben Problemsituation und Diskussionsstand im jeweiligen Bereich. Sie können zu Anwendungsfragen direkt nichts beitragen. Oft handelt es sich bei ihnen nur eine Umetikettierung altbekannter Probleme. Auf liberalem Selbstverständnis fußend, zeigen sie mehr oder weniger deutlich, dass Moral mit den Menschenrechten zwar die Grundlage der modernen Gesellschaft bildet, ansonsten aber für die modernen Probleme keine Hilfe bietet, die Folgen moralischer Kommunikation (wie Achtungsentzug, Kompromisslosigkeit) vielmehr den *Verzicht auf Moral* erfordern.

VII.2.2.3.1 *Politische Ethik, Wirtschaftsethik, Rechtsethik* reflektieren die amoralische Funktionsweise ihrer Bereiche, die den Einsatz von Moral beschränkt. Die Politische Ethik verweist etwa darauf, dass eine strikte, moralisch „an sich“ gebotene Menschenrechtspolitik (negativ: „Menschenrechtsimperialismus") moralisch bedenkliche Folgen wie gewaltsame Auseinandersetzungen nach sich ziehen kann. Die ökonomische Wohlstandstheorie (Ziel: Wohlstandsmaximierung) versuchte, schon bevor die Rede von Wirtschaftsethik aufkam, das wünschenswerte Wachstum, das „an sich" ungerechte Verteilungen mit sich bringt, durch (mehr oder weniger fiktive) Kompensationskriterien zu rechtfertigen, und die Rechtstheorie diskutierte schon immer über Gerechtigkeit als moralische Grundlage und ihre Grenzen.

VII.2.2.3.2 *Umwelt-, Risiko-, Technikethik* sind faktisch nichts anderes als Technologiefolgenabschätzungen, und auch der *Medizinethik* geht es um technische Anwendungen beim Menschen (Intensivmedizin, Gentechnik) und um die (politisch zu entscheidende) Frage, wie weit die Autonomie der Einzelnen gehen soll.

VII.2.2.3.3 Individuell angelegt sind *Wissenschafts-* und *Medienethik*: Sie mahnen – immer ein Zeichen der Hilflosigkeit – die Verantwortung der Einzelnen an.

VII.2.2.3.4 Einzig in der *Tierethik*, wo es um Grundinteressen, Schädigung, Leiden und Tod geht, sind moralisch begründete Handlungsanweisungen wie Veganismus möglich.

VII.3 Metaphysik

Metaphysik sucht Sicherheit, Geborgenheit, Heimat, Übereinstimmung mit der Welt in einem *Gesamtsinn*. Da die Welt immer unsicher ist, sucht sie ihn in einer transzendenten, unzeitlichen Sphäre, unterstellt eine Position „außerhalb", hinter den „bloßen" Erscheinungen ein wahres Sein, und zwar, ansonsten bleibt die Unsicherheit, *ein Prinzip*, das ein alles erklärendes System begründet, ein Wesen, das allem anderen zugrundeliegt. Hat man es erkannt, ist man zumindest erkennend in Übereinstimmung mit der Welt, „glücklich“.

VII.3.1 Ausgangspunkt ist immer ein *Phänomen der Wirklichkeit*, das zum überempirischen, damit unwiderleglichen Absoluten gemacht wird, wobei der es bezeichnende Begriff seine ursprüngliche Bedeutung zugleich behält (was ihn plausibel macht) und verliert, als allumfassend auch sein Gegenteil einschließt (Fichteschema).

VII.3.1.1 Da metaphysische Prinzipien von etwas Vorfindlichem abgeleitet werden müssen, sie immer erst „im Nachhinein“ festgestellt werden können, gibt es *kein voraussetzungsloses Erstes*. Oder, von der Sprache aus gesehen: Jede Benennung setzt ein uneinholbares Vorverständnis voraus, so dass es keine erste Bedeutung geben und jedes Prinzip dekonstruiert werden kann.

VII.3.2 Metaphysik wird von der Sprache nahegelegt, dem *Satz vom Grund*, der bis zur Frage nach dem ersten oder letzten Grund drängt. Er kann nur „jenseits“ von Leben und Welt, von bloß empirischen Gründen, liegen.

VII.3.3 Metaphysik sieht nicht Unterscheidungen, sondern bezieht Position zugunsten eines Werts (Sicherheit, Vollkommenheit, Unsterblichkeit, Wahrheit) und sucht *Einheit* statt Differenz.

VII.3.3.1 Metaphysik missversteht Wahrheit als anzustrebende *Gewissheit* – und dementiert damit gerade Gewissheit, die man nicht sucht, sondern in der man sich fraglos bewegt. Die „Gewissheiten“ der Metaphysik hielten deshalb auch nie lange.

VII.3.3.1.1 Das jeweilige, gewisse Prinzip sollte die Wissenschaftlichkeit sichern, seit der Neuzeit *Erkenntnistheorie* Wissenschaft letztbegründen. Die Wissenschaften selbst interessierte das schon immer wenig: Sie folgen den Gepflogenheiten ihres Faches und kümmern sich nicht um philosophische Begründungen.

VII.3.3.2 Ein alles erklärendes, Einheit (etwa von Schönheit, Wahrheit, Gutem) sicherndes System befriedigt mit seiner Ordnung auch *ästhetisch*.

VII.3.4 Die einflussreichste Metaphysik sieht das Eigentümliche, die Auszeichnung des Menschen in der *Vernunft*. Sie erkennt die wahre Ordnung der Welt und soll die unberechenbaren, niederen, tierischen Gefühle, die Unsicherheit ins Leben bringen, beherrschen. Wie der zwanglose Zwang der Logik das Denken bestimmt, soll sie zur rechten, moralischen Lebensweise zwingen.

VII.3.4.1 Die höchste Tätigkeit des Menschen und sein größtes Glück ist folglich der Gebrauch der Vernunft, der *Philosoph der ausgezeichnete Mensch* – eine Hierarchisierung, die einer hierarchischen Gesellschaft entspricht. Die Philosophen rechtfertigten so ihre elitäre, nur für kleine Gruppen mögliche Lebensweise, ihr Glück, das in Kontemplation (Gelassenheit) und meist (statt Liebe) in (vernünftiger) Freundschaft – diese Abhängigkeit gestand man zu – bestand.

VII.3.4.2 Die Hochschätzung der Vernunft wirkt als Hochschätzung von *Bildung* bis heute nach. Als ein Beitrag zur Kulturgeschichte gehört dazu – eine Hauptbeschäftigung der Universitätsphilosophie – Philosophiegeschichte und Interpretation der Klassiker.

VII.3.5 Das Urphänomen der *Sprache* wird metaphysisch als bloßes *Mittel* (zum Ausdruck angeblich vorsprachlicher Gedanken), die Urunterscheidung von Nichts und Sein als nachrangig verstanden, der *Tod* als nur scheinbar in das jeweilige System *eingeordnet*. *Ängste* werden *verdrängt*, erst gar nicht thematisiert, oder als unbegründet verharmlost.

VII.3.6 Die individualistische, *plurale Gesellschaft* macht Einheitskonzeptionen unplausibel, und Philosophie wird als Legitimationsinstanz nicht mehr gebraucht: Sie kann nachmetaphysisch werden.

VII.4 Nachmetaphysische Philosophie

Nachmetaphysische Philosophie geht vom „Urphänomen“ des „grundlosen“ Seins und Seinsverständnises aus, das sich in der Sprache ausdrückt. Nachmetaphysische Philosophie ist *Sprachphilosophie.* Während Metaphysik ihre Systeme von einem Prinzip, „von unten“, reduktionistisch, aufbaut, ist nachmetaphysisch das jeweils *Umfassende* (Sprache, Gesellschaft, Bewusstsein, Leben) primär, das „aus sich selbst“ verstanden werden soll – aber immer nur mit Sprache als Letztumfassenden, mit ihren Vorgaben, ausdrücklich verstanden werden kann.

VII.4.1 Sprachphilosophie will die Sprachregeln, Grundbegriffe, Grundstrukturen, die *Gewissheiten*, aufdecken und beschreiben, die das menschliche Leben bestimmen, will das Sprechen über die condition humaine in eine konsistente, *heute plausible* Form bringen.

VII.4.1.1 Die Gewissheiten liegen offen zutage, werden als das Selbstverständliche aber nicht gesehen, sind in diesem Sinne *verborgen*. Im Idealfall sieht der Philosoph mehr, sieht die Eigenheiten der Sprache und Lebensform mit ihren Problemen deutlicher (wie ein Schachprofi mehr sieht als ein Amateur).

VII.4.1.2 Mit den Gewissheiten wird kein Phänomen erklärt, sondern *Vorgaben* (wie Sein, Sprache, Nichts) *offengelegt*. Das lenkt den Blick „nur“ auf das, was jede „an sich“ schon weiß (etwa, dass sie Verstehen, sprachlich, vergänglich ist).

VII.4.1.3 Auch der Philosoph unterliegt den Gewissheiten seiner historischen, kulturellen Situation, die er „in Gedanken erfasst“. Es geht ihm um *Selbstauslegung*, und auslegen heißt interpretieren. Die *Interpretation* nimmt die vorhandenen Vorstellungen (Definitionen) auf, zeigt ihre Probleme, behält das Unveränderliche oder Brauchbare bei (etwa bei Liebe das Ziel dauerhafter Beziehungen), macht überholte Gewissheiten fraglich (die

Vorstellung lebenslanger Monogamie) – ausgehend von neuen Gewissheiten, die zu neuen Definitionen führen (als neues Liebesideal solidarische Doppelbeziehungen).

VII.4.2 Nachmetaphysische Philosophie (Soziologie, Politik) versucht ihre historische Situation und Perspektive einzubeziehen. Sie ist *säkular, liberal, konstruktivistisch* – nachmetaphysisch meint *„prinzipienlos"* als Prinzip (unvermeidlich: nach-*metaphysisch*). Das lässt sich nicht weiter begründen, sondern zeigt sich als *plausibel*, ergibt sich aus der modernen Lebensform.

VII.4.3 Im Unterschied zur Metaphysik bezieht nachmetaphysische Philosophie keine Position innerhalb von Unterscheidungen, versucht sie nicht nach einer ihrer Seiten als ihr Telos (das Gute, Wahre, Schöne) aufzulösen, sondern als Unterscheidungen ernst zu nehmen, ist ausdrückliches *Denken in Unterscheidungen*.

VII.4.4 Nachmetaphysische Philosophie benutzt als Verstehenshilfe den *Vergleich mit Spielen*: Sprache, Lebensformen sind wie Spiele „grundlose" Regel- und Symbolsysteme, die um ihrer selbst willen, insofern grundlos, gespielt werden. Sie schaffen sich ihre eigenen, „autonomen" Realitäten, ihre Tatsachen, ihre Gründe. Bei Spielen sind allerdings die Regeln (einschließlich Spielziel) vorgegeben, während die Philosophie die Regeln auffinden will, denen die sprachliche Lebensform, damit auch sie selbst folgt. „Inhaltlich" sind bei Spielen außerdem Leiden (außer Niederlage, Scheitern) und Tod mit wenigen Ausnahmen (Sklaven-, Stier-, Hahnenkämpfe) nicht vorgesehen.

VII.4.5 Nachmetaphysische Philosophie hat als existenzielle Fixpunkte den *Tod* und das unvermeidbare *Leiden* (und beginnt deshalb mit bewusstem Leben).

VII.4.5.1 Da nur die Einzelne stirbt und leidet, ist sie im Kern *Existenzphilosophie*.

VII.4.5.2 Sie bietet *keine* existenzielle *Sicherheit*, insbesondere keine übergeordnete Rechtfertigung für individuelles Leiden und den Tod, so dass sich immer wieder die Frage stellt, ob sich das Weiterleben lohnt.

VII.4.5.2.1 *Glücksversprechender* ist deshalb *Metaphysik*, aber man kann Überholtes nicht gegen seine Zeit plausibilisieren – was nicht ausschließt, dass meist immer noch auf sie zurückgegriffen wird, wenn Tod und Leiden nicht durch Aufgehen im Alltag verdrängt werden können.

VII.4.5.3 Die *melancholische Skepsis* als nachmetaphysisches Weltverhältnis steht *gegen die Positivwertung* des Lebens, die die „unendliche" Gesellschaft und meist auch ihre Philosophie bestimmt: Das Leben wäre besser nicht. Die Vergänglichkeit, die die Melancholie hervorruft, wird so zugleich zum „Positiven": Alles Leiden wird enden.

VII.4.5.3.1 Die theoretische Lebensverneinung weiß um den praktischen Vorrang des Lebensdrangs (und der Angst vor dem Tod), weiß, dass aus ihr keine direkte Praxis, kein Suizid folgt (ohne deshalb umständliche metaphysische Ausreden, wie: der Wille lasse sich nicht durch Suizid abtöten, zu bemühen). Sie weiß um ihre (direkte) *praktische Inkonsequenz*. Das theoretisch Wünschenswerte kann aber indirekt, unter Einbezug der Gegenkräfte, über den für die Einzelne (nicht die Gesellschaft) durchaus realistischen Fortpflanzungsverzicht angestrebt werden.

VIII Summa

Alles endet – alle Welten, alles Leben – oder ist schon *„im" Nichts*. Das gilt selbstbezüglich: „Das" Nichts nichtet mit allen Unterscheidungen auch sich selbst.

Weitere Titel des Autors

Sinn – Liebe – Tod

Die existentiellen Fragen nach Sinn, Liebe, Tod erfordern heute eine philosophisch-soziologische Herangehensweise, die die Ergebnisse anderer Wissenschaften wie Psychologie und Geschichte mit einbezieht. Nur so lassen sich idealistische Naivitäten vermeiden.

120 Seiten, 2003, Euro 10,-/SFr. 10,-

Die Grundprobleme der ökologischen Herausforderung

Die ökologischen Probleme betreffen alle gesellschaftlichen Bereiche. Möglichkeiten und Grenzen ihrer jeweiligen Vorgehensweisen lassen sich philosophisch-soziologisch analysieren. – Ein Panorama der modernen Gesellschaft!

350 Seiten, 2005, Euro 14,-/SFr. 14,-

Philosophie vor dem Nichts

Philosophie als Fragen nach den letzten Dingen muss die Urunterscheidung von Sein und Nichts als ihren Ausgangs- und Endpunkt ernstnehmen und die Folgen für alle Gebiete der theoretischen und praktischen Philosophie bedenken.

214 Seiten, 2010, Euro 14,-/SFr. 14,-